PSYCHOLOGY

畅销3版

心理学入门 1

妙趣横生的心理课

隋岩 著

中国法制出版社
CHINA LEGAL PUBLISHING HOUSE

前言

PREFACE

第一次看到“心理学”这个名词，你想到了什么呢？你会先说出来一个疑问句还是陈述句呢？不管你是从来没有接触过心理学，还是看过一些心灵鸡汤类的心理读物，抑或上过心理学的专业课程，现在就拿起笔，将你此刻对“心理学”的看法写下来吧。

人的思考、行为都会受到过去经验的影响，如果你是心理学的“门外汉”，一定搞不明白心理学是干什么的，研究什么的，或者有什么用；如果你是个半吊子的心理学爱好者，或许能拼凑出来几个专业术语，比如知觉、意识、动机、条件反射……

你对心理学世界的认识，正是由这些关键词构成，至少目前为止是这样。那么，当你看完一场心理学电影，听过一位催眠大师的讲座，或者看完这本书，又会有什么不一样的想法呢？

很多人看到“心理学”的第一个想法就是——心理学究竟是什么？你能给我解释一下吗？通常情况下，专业人士都会给出教科书中的标准答案：心理学是一门研究心理现象及其发生规律的科学。想必你一定会接着问，心理现象指的又是什么？人们要怎样研究心理现象的发生规律呢？

这个简单的问题看来并不好回答，毕竟一门科学是无法用一两句话解释清楚的，连专业的学生都要花上一个学年的时间来学习《普通心理学》，什么样的大师能轻轻松松地回答这个问题呢？为了解决这个问题，我们准备了这本书——《心理学入门》。

《心理学入门》的内容围绕着心理学的研究对象——心理过程和人格来展开，在每一章里，将心理学概念的来龙去脉、前世今生进行一个简单的小结，比如，人是如何知晓知觉的存在，又是用什么方法进行研究的？人为什么要睡觉，如果人长期不睡觉会怎样？

世界上的人们，每天都在感觉、知觉、行动、思考。然而，在大家为了生计忙碌、努力追求更好的物质生活或者精神生活的时候，往往没有时间停下来想一想，我是如何走到今天的？我为什么会做现在的工作？为什么会和现在的伴侣生活在一起？

在心理学看来，任何人的心理都有其形成和发展的环境，人的行为背后也必有其合理的动机所在。《心理学入门》并未试图探索最尖端的研究课题，却尽量选取最新的心理学实验设计和研究成果，比如被大多数人当作常识的味觉地图、传统家庭教育的误区等。

如果某一项最新研究让你感到不适或者疑惑，不必担心，它不过是在颠覆你的习惯认知和大脑结构。不用害怕改变，因为这个世界，包括你和我，每一天都在变化之中。

除了一般性的心理现象，在每一章的最后还附有心理学家的小传，比如冯特、弗洛伊德、詹姆斯等。这些人都有着不同的人生经历和学术观点，也在不同层面上影响了心理学的发展。从未来的角度看，这些人都将被载入史册，成为后世心理学家顶礼膜拜的始祖。

下面请你开始一次“心理学世界之旅”吧。不要忘了刚刚写在纸上的想法哦！当你读完这本书，大可回头看看之前对心理学的看法，比较一下，《心理学入门》给你带来了哪些不同的感受。

目录

CONTENTS

第八章 记忆

第九章 个体发展与智力

第十章 动机

第十一章 人格

第十二章 心理障碍

第一章

独具特色的心理学

标准化的定义和科学的研究方法是研究自然科学的共识规则，心理学之所以能够独立于哲学和生理学而发展成为一门独立的科学，必然是遵照这个规则，重新定义自己。可是在许多人眼里，尽管时间过去了一百年，心理学依旧像一个犹抱琵琶半遮面的少女，神秘而无常。

心理学研究的是“脑”而不是“心”

生活中的许多人，在听到心理学或者心理咨询一类的词汇时，第一个反应通常都是在心中暗吸一口凉气，接着马上想到：“那你一定知道我心里在想什么了？”但凡对心理学有所了解的人，都会认为这是一种非常可笑的想法。不过，它却提出了一个被众人误解多时的问题。

当我们谈到思考、谈到意识、谈到个人感受时，通常认为这是来自“心”的感受，而不是来自“脑”。在中国的传统文化中，古人认为人在思考的时候是用“心”去想的，而不是用“大脑”。直到现代医学的发展，才逐渐打破这种错误的认识，人们才将喜、怒、哀、乐各种情绪及感受的来源定位在大脑。

当然，随着时代的发展，古人所指的“心”已经不单纯指心脏，而变成“心，思之官也”。“心”从一个具体的器官，变成人类思想中枢的所在。也许是因为“用心思考”比“用脑思考”听起来更亲切，“心理学”一词才沿用至今。否则的话，就应该叫作“脑理学”而非“心理学”了。

英语中的心理学（psychology）词根来自希腊语。“psychology”一词由两部分组成，“psyche”在希腊语中的意思是“心灵”，后缀“-ology”

则代表某个研究的领域。于是，“psychology”一词就变成“对心灵的研究”。

发展到21世纪，心理学的研究范围已经非常广阔，不仅包括人类心灵的秘密，还涉及人的行为、心理过程等。可惜，许多被大众传媒当作心理学知识传播的信息，其基础并非严谨的科学研究。很大程度上，大众心理读物和心理自助类图书的内容是来自猜想、夸张和误解。

在开始学习心理知识或者阅读心理学类书籍之前，不妨来测试一下，你是否像大多数人一样搞不清楚心理学研究是什么东西，也弄不明白什么是错误的常识、什么是缜密的科学。

请判断，下面五种陈述是否正确。

［A］长期神经紧张、焦虑会导致胃溃疡。

［B］躁郁症是人的潜意识冲突引发的。

［C］当一个婴儿出生时，他的脑细胞已经发育完好，并且足够使用一生的时间。

［D］只要是生活中发生的事，都会在记忆中占据一个永恒的位置。

［E］新生儿的大脑就像是一张白纸，他所认识、了解的任何事物，掌握的任何技能，都要通过后天的习得。

在以上五种情况中，你认为哪种情况是正确的，哪种情况是错误的？给你60秒的时间记住答案。实际上，这五种情况中，只有A是正确的，B、C、D、E都不正确。下面，让我简单地解释一下原因。

［A］人的生理状态和心理状态往往是相通的。当心情始终轻松、愉快时，身体的状态也非常好；反之，长期处在高强度的压力之下，

就很容易引发身体的疾病。精神紧张会增加胃酸的分泌，又影响胃肠道黏膜的血液营养供应，从而引起溃疡。

［B］目前为止，没有任何科学证据证明躁郁症和人的潜意识有关。相反，大脑中的某种化学物质却和这种疾病关系密切。更有研究表明，这种化学物质的产生可能来自遗传。

［C］最简单的道理，身体的细胞每天都在进行代谢，大脑细胞也不例外。在人的一生当中，大脑会通过代谢不断创造新的细胞。

［D］大脑会记住生活中的一些事，但绝对不是所有的事。在充满各种各样刺激的环境里，大脑常常忽略掉大部分信息，只选择记忆那些重要的、有意义的信息。

［E］这一说法忽视了遗传的作用。在新生儿的大脑里，存在着许多非条件反射，这些非条件反射构成新生儿的防御能力，是人类进化的重要结果。

对于心理学来说，人们对心理常识的无知、误解或者扭曲都不是最可怕的。最可怕的是，许多人用信任和热情为算命者、占星师和面相分析师提供了诈骗的机会。这些人声称自己具有与生俱来的本领，能够看穿每个人的人格和命运，但是没有人能够验证这些毫无根据的论断是否属实。

20世纪初，一匹名叫汉斯的马曾经引起不小的轰动。它的声名鹊起不是因为俊美的体形、强健的脚力，而是因为它独特的计数和算术本领。

当它的主人奥斯腾在桌子上摆上 3 个瓶子时，汉斯就会抬起蹄子，在地面上敲击 3 下；奥斯腾放 4 个瓶子时，汉斯就敲击 4 下；如果身边的人问它，3 加 4 等于几？汉斯就会在地面上耐心地敲击 7 下。

随着汉斯的美名远扬，奥斯腾开始带着它进行公开表演。表演申明不收门票，因此吸引许多人来观看。柏林大学的心理学教授施图姆福也被吸引过来。不过，他并非想单纯地赞美汉斯的聪明，而是想要揭开聪明汉斯的秘密。

施图姆福和另外一些心理学家都认为，汉斯并不具有真正的思维能力。虽然汉斯的表演不存在骗人的花招，但它的成绩值得怀疑。施图姆福观察了几场汉斯的表演后发现了其中的端倪。

汉斯每次回答问题之前，它的主人奥斯腾都会在旁边做一些细微的动作。当汉斯开始数数时，奥斯腾会做出一个点头的动作，由于动作幅度非常轻微，因此观众根本不会察觉。当汉斯数到正确答案时，奥斯腾会微微地昂一下头，随即汉斯停止数数。

为了证明这一猜测的正确性，施图姆福故意提出一个在场观众甚至奥斯腾也不知道答案的问题。这时，汉斯马上陷入混乱，它无法正确地数数，更不会数学计算。

汉斯的秘密被揭开了。汉斯的确能够敲出算术题的正确答案，不过这并不是来自汉斯聪明的头脑，而是因为它敏锐的观察力。奥斯腾通过训练，使得汉斯对他的手势、动作产生了条件反射，因此汉斯能够轻松地从奥斯腾身上看到正确答案的暗示。

心理学家做过的实验证明，人类迷信的产生也遵从一种无意识的条件反射。在21世纪，当科学的思维方式不断战胜人类的偏见和轻信时，人们对心理学的看法是否也应该实现从伪科学到实证科学的转变?

百年心理的前世今生

正如记忆专家艾宾浩斯所说，心理学有一个悠久的过去，却只有一个短暂的历史。在心理学走上独立发展道路之前，许多思考人类自身的哲学家已经开始心理上的研究。比如，2500年前的苏格拉底、柏拉图和亚里士多德，他们已经开始阐述关于意识的观点，并做了相应的考证。

不过，这一时期的心理学基本处于离奇的，甚至疯狂的状态。哲学家们对于心理的研究不是来自实验室的控制变量，也不是来自实践的检验，而是完全来自头脑的思辨。有的哲学家甚至认为，情绪类似于一种液体，是从心、肝、脾流出来的，人类的精神障碍则是由于液体堆积过多。

有趣的是，持有各种想法的人，哪怕是对真理有着执着追求精神的哲学家，也不会亲自验证自己的想法。他们喜欢用“想”的。所谓想，即思考，即用逻辑来推理，用辩论来传播，用专家的权威使人们信服这些思想。

进入中世纪，西方人的思想被教会牢牢地控制。生活在社会底层的人们被教会教导，尽量减少对人本质的探索。对于教会本身来说，人类的心灵则成了一个不解之谜，就像上帝的心灵一样。

这种绝对的思想统治一直发展到17世纪，才被西方现代哲学的奠基人笛卡儿主张的神经系统活动所动摇。笛卡儿发现，人类的感觉和行为并非来自上帝的指示或安排，也不是某种神秘力量的引导，而是一种神经传导的结果。

笛卡儿是一名哲学家、数学家和物理学家，却误打误撞地推动了心理学的发展。在他的影响下，心理学尚未成为一门独立的科学，却正式进入一个蓄势待发的时代。

到了 19 世纪中叶，生物学家达尔文出版了他的著作《物种起源》。达尔文在揭示动物进化规律的过程中提出一个观点：人类和动物存在着密切的进化关系。这一观点构成动物与人类的连接。多年后，达尔文的思想直接导致生理学家巴甫洛夫用狗作被试进行了条件反射的实验。

随后，化学家绘制出的元素周期表深深地吸引了一位来自德国的科学家——威廉·冯特。根据元素周期表的原理，冯特想要发现人类心理的“基本元素”。于是，在出任莱比锡大学教授的第 4 个年头，冯特建立了一所专门进行心理研究的实验室。从此，心理学作为一门独立科学开始向着实证研究的方向发展。

在笛卡尔、达尔文等人误打误撞地成为心理学的开路者之后，心理学史上终于迎来了第一次激烈的思潮争论，也涌现出一系列的心理学大家。心理学从创立开始，各个学派的观点就无法完全一致。

正当冯特带着学生在实验室里埋头做实验时，美国的一位心理学家詹姆斯跳了出来，他大肆批评冯特研究方法的狭隘和主观，并且声明研究意识的结构简直无聊透顶，研究意识的功能才是王道。

另一股反对冯特的力量来自德国国内。一群极具反叛精神的年轻人简直是反冯特之道而行之，冯特在研究人类意识的组成元素，他们则提倡感知整体。在德文中，“感知整体”叫作格式塔（gestalts），因此这群人被称作“格式塔学派”。

在美国，一群更加疯狂且好斗的年轻人选择了独辟蹊径。他们不同意任何人的观点，也不同意任何学派的研究方法。他们不关心人们的感受和想法，只关心人们的行为。在这群年轻人中，最有影响力的人物就是华生。

另一个更强劲的反对之声来自奥地利的医学界。此时，行医多年的弗洛伊德发现了人的潜意识部分，渐渐形成独具一格的精神分析方法。他用精神分析治疗患者的神经症，也用精神分析研究人类的梦境。

弗洛伊德的理论并非来自实验室的研究，而是来自他治疗过的成千上万名患者。对人类意识的深入挖掘，使得精神分析具有更长久的生命力。时至今日，社会生活的任何一个方面都笼罩着精神分析的影子。

在心理学这个大家庭中，各个成员之间看起来不尽和谐，经常有一些口角争斗。可喜的是，在心理学变得越来越复杂的同时，现代心理学的观点开始趋近于相互渗透。当年多位心理学大师的观点互相交织着，构成今天心理学的主要思想。

心理学专家都在做些什么

人在少年时期，对未来充满无限的期待，对自己也是一样，因此每个人都会有口出狂言的经历。稍微懂一点电路的孩子会告诉大人，“我长大了要成为一名物理学家”；有的孩子刚刚在天上找到了小熊星座，就大喊长大后要成为天文学家；有的孩子看完一部心理学电影，就拼命地看书、查资料，想要成为一名心理学家。

许多年过去了，曾经年少轻狂的女孩或者男孩，已经走过凭借梦想和激情过生活的日子。可是，无论是年幼无知的你，还是长大成人的你，你真的知道这些“大家”都在做什么吗？你知道心理学专家都在做什么吗？

作为世界知名的心理学家，菲利普·津巴多在高校任教的同时，还进行了多种心理学研究和实验。有些实验令他声名狼藉，有些举动也体现出他对社会大众强烈的人文关怀。

1959年，津巴多从耶鲁大学获得哲学博士学位之后，留在耶鲁大学任教。后来，他先后被纽约大学、哥伦比亚大学和斯坦福大学聘为心理学教授。在斯坦福大学任教期间，津巴多进行了著名的斯坦福监狱实验。

津巴多将斯坦福大学心理学系大楼的地下室，改造成一座模拟的监狱，并指派24名学生充当监狱的囚犯和看守，囚犯和看守模仿监狱环境的语言和行为进行实验。

随着实验的进行，被试很快进入角色。扮演看守的学生开始表现得脾气暴躁、虐待囚犯，扮演囚犯的学生则表现出极端的绝望和沮丧。在实验中，扮演囚犯的学生受到了情感上的创伤，有两名被试不得不提前退出。此时，津巴多自身也好像陷入疯狂的、不可控制的状态。直到同事出面制止，他才结束了这次实验。

这个著名的监狱实验结束后，津巴多发现，人性中的恶并不是个别人的特质，就像世界上有好苹果，也有坏苹果一样。世界上绝大多数的恶并不是少数坏苹果犯下的，相反，是普通人在特定的环境下做出的极端行径。此后，津巴多致力于运用心理学来帮助别人。他在加利福尼亚州设计了一个害羞诊所，专门治疗成年人和儿童的害羞。

多年后，当美军在阿布格莱布监狱的虐囚事件曝光后，津巴多很快想到当年的斯坦福监狱实验。津巴多在分析一名被控士兵弗雷德里克的背景后发现，他不过是一个智商平常、个性普通的人，既不是虐待狂，也没有病态倾向。

津巴多为弗雷德里克安排全面的心理测评之后，决定为这位“地道的爱国青年”辩护。按照津巴多的说法，很少人能够抵抗监狱那种极端的环境压力，弗雷德里克的行为并非出自本意，而是环境的产物。虽然津巴多的建议没有得到采纳，他却将这一案件和斯坦福监狱实验之间的联系写成一本心理畅销书——《路西法效应》。

在津巴多所有的著作中，最为人熟知的莫过于他和理查德·格里格合著的《心理学与生活》。这本书作为美国许多大学的心理学教材，已经重版多次，并受到全世界心理学教学者的欢迎。时至今日，退休多年的津巴多依然时不时地出现在公众的视野中。2007 年，他在斯坦福大学校园发表演讲——《探究人性》。2008 年，津巴多还受邀参加了“柯伯特报告”节目。

执教近 50 年的时间里，津巴多致力于教育和研究，成为斯坦福大学一位传奇的教师。同时，他也用自己独特的创造改变了人们对社会的思考方式。

一份调查显示，世界上从业的心理学专家已经超过 50 万人。在这 50 万人中，有不到 1 万人在从事着心理学的研究工作，如任职于专门的研究机构或各大高校的研究所等，还有一部分人则选择在其他的职业道路上发展。

心理学被社会上的各个行业所需要，因此产生了许多心理学的有趣分支，如航空心理学、交通心理学、消费心理学等。当心理学专家将心理研究的方法运用到生活细节当中，可以想象，那一定是其乐无穷的场面。

在司法机构中存在着这样一种人，他们叫作“犯罪心理学专家”。这些人就像电视剧里的心理学家一样，帮助警察或者检察官解决犯罪案件。他们的经历没有剧中人物那般离奇、惊险，却也充满了各种刺激。除了帮助破案，犯罪心理学专家也负责管理犯人的心理档案，在需要的时候，对罪犯的精神状况进行评估，为量刑提供参考意见。

作为心理学技术应用到航空领域的新举措，航空心理学至今仍是一个鲜为人知的学科。航空心理学专家主要研究航天员、航空管制员和其他飞行成员的心理状态。虽然他们不会跟随航天员一同进入太空，却需要在评估员工、训练飞行员和调查航空事故等诸多方面扮演重要角色。

话说回来，心理学专家虽然存在于社会的各行各业，想要成为一位心理学专家却并不是一件易事。在美国，不同专业水平的人会被分配到不同的社会岗位上工作。比如，一个获得心理学学士学位的人，只能在公共服务领域工作，如医院的心理助手、康复中心的技师或者护理机构的人员。这些工作很辛苦，而且薪水比较低。

如果在本科毕业后继续深造，并顺利获得硕士学位的话，则可以进入中学成为一名心理老师，或者进入心理咨询机构工作。当然，这些人也可能投机取巧，自称是心理学家，贴出广告来招揽生意。各地的法律不同，对这些“心理学家”的处置办法也不同。

至于能够进入高等院校教授心理学的人，则需要接受更多专业训练，学习多个领域的课程，并且培养作为一个学术研究者的技能。在所有的项目都合格之后，研究生会被授予博士学位。不过，想要获得心理学博士学位，不仅需要花费漫长的时间，还要投入巨大的精力。

心理学专家并不是精神科医生

初次接触心理学的人，尤其是心理学专业的学生，最害怕的事情就是被专业老师“盯上”，把你作为某一行为的典型，甚至分析出言语和行为中的心理疾病信号。经过几年的专业学习或者对心理学有了进一步的了解之后，提心吊胆的日子才终于结束。原因之一是并非所有人都有心理疾病，更重要的是，大家对心理学和精神病学的不同有了清楚的认识。

人们之所以会害怕心理学教授或者心理学专家，一个被默认的前提就是心理学专家就是精神科医生，可以诊断出一个人的心理障碍。可是，事实并非如此。从专业设置的角度来看，心理学专家属于心理学的领域，精神科医生属于医学的领域。心理学专家拥有哲学、教育学或者心理学博士学位，精神科医生拥有的则是医学博士学位。

从所接受的专业训练来看，精神科医生必须完成普通内科知识的学习，并且接受治疗精神病的专业训练。心理学专家则更重视心理学方面的基本内容，如心理过程、个人发展、心理测试等。更重要的一点是，精神科医生拥有行医执照和处方权，可以运用医疗设施治疗病人，心理学家则没有这些权力。

在心理学领域，拥有心理疾病处方权的心理学家只有寥寥几人。即使拥有行医的资格，心理学家也偏爱集中精力来学习心理学的研究方法和更高级的专业知识。不过，有些心理学家对精神病领域有着强烈的好奇心和研究兴趣，他们的本意并非要夺走精神科医生的“饭碗”，但是他们的研究却重创了那些自鸣得意的精神科医生，其中最有名的莫过于美国斯坦福大学的心理学家戴维·罗森汉。

1972 年，罗森汉为了检测精神科医生的权力和能力是否相称，设计了一个巧妙的实验。他找来身边的八个朋友，分别是三个男人、五个女人。在罗森汉的带领下，他们一行九个人假扮成精神病人，分别到美国各个州的精神病院就诊。

为了让朋友们在精神科医生面前顺利过关，罗森汉提前训练了他们。在五天的时间里，罗森汉和他的朋友都不刷牙、不洗澡，为了显得更邋遢，每个人都穿着肮脏、破烂的衣服。除此之外，罗森汉还训练他们如何应对精神病院的强制服药等。

罗森汉等人前去就诊时，分别使用编造的名字和职业，并且对医生说自己出现了幻听的症状。顺利住院后，他们的所有症状马上消失，并且像正常人一样生活。令人诧异的结果发生了，入院的九个人中，有八个人被诊断为精神分裂症，一个人被诊断为躁狂抑郁症。更令人诧异的是，住在精神病院里的病人都知道他们神智正常，受过专业训练的医生和护士却没有发现他们是正常人。

当所有人都顺利出院之后，罗森汉将研究报告发表在《科学》杂志上。罗森汉的研究证明，精神科医生并没有能力将正常人和精神病人区分开，在大多数时候，他们只负责为前来就诊的“患者”下一个论断，如精神分裂症、抑郁症、躁郁症等。精神病院的治疗主要针对的是这些诊断，而不是病人本身。

罗森汉的实验结论震撼了精神病学界，一些权威的精神病院也受到了挑战。在整个精神病学界哗然之际，一家专业的医院向罗森汉发出了挑战，他们声称在未来的三个月里，罗森汉可以继续派假病人前去就诊，他们完全可以一一分辨出来。三个月过去后，这家医院的精神科医生从所有就诊的患者中诊断出 41 名假病人。有趣的是，罗森汉却说自己并没有派过假病人。

在罗森汉的研究之后，美国逐渐改变了精神病院的制度。实际上，早在 20 世纪 70 年代，欧美就兴起一波社会运动，目的就是“反精神病学”。参与者们主张，精神病并不是一种器质上的病变，而是社会环境造成的主观体验，其在本质上不属于医学范畴。

精神科医生试图通过核磁共振、CT 扫描等现代技术找到患者头脑中的病变；在心理学领域，心理学家则更强调社会交往、人际冲突、生活方式等因素引起的精神障碍，甚至有人强调，精神障碍应该由心理学家负责，而不是精神科医生。

不过，在这个心理学大师纷纷沉默，山寨版大师遍布荧屏、冲击眼球的时代，让人们分清楚心理学家与精神科医生都非常困难，更何况彻底改变社会对待精神病人的模式！

心灵视窗

心理实验中的道德伦理

在心理学的各种实验中，如果一项实验的设计不够完善，或者说实验本身就在挑战被试的承受极限，实验继续进行下去，必然会对被试造成相应的伤害：对动物来说，在实验中所受的伤害甚至死亡都是不人道的；对人来说，心理上的伤害则更加持久，并且不可预测。

参与斯坦福监狱实验的被试，有一部分人出现了绝望、消极，甚至轻度抑郁的反应，最后津巴多不得不放弃实验。从整个实验过程来看，导致实验中止的最重要原因就是实验中涉及的伦理问题。

在心理学的其他实验中，也会涉及类似的情况。有时候，为了达到最佳的实验效果，需要欺骗被试，将实验的真实意图隐藏起来。于是，被试就会处于全然不知或者一知半解的状态。在某种程度上，这些欺骗都会对被试的心理造成影响。即使实验取得的成功超过这种伤害，被试的心理变化也是真实存在的。

和斯坦福监狱实验类似，以研究权力服从为目的的实验——米尔格拉姆实验也出现了伦理问题。当实验设计者精心准备、力图引导被试进入一个完美的实验场景时，他们往往会因为过于关注实验目的而忽略实验中被试的内心感受。

米尔格拉姆实验开始于1961年。那一年，纳粹党人阿道夫·艾希曼被抓回耶路撒冷接受审判。艾希曼被判处死刑后，米尔格拉姆产生了设计实验的想法。他想知道，像艾希曼一样参与犹太人屠杀的纳粹军官，真的是因为他们本性残暴，还是单纯地出于对上级的服从？

实验设计完毕后，实验者在报纸上刊登了招募志愿者的广告。广告上声明，实验将进行一个小时左右，报酬是4.5美元。在20世纪60年代的美国，这算是一笔不错的收入。志愿者甄选完毕后，实验在耶鲁大学的一间地下室进行。

在实验开始之前，实验者告诉所有的志愿者："我们将进行一次'体罚对于学习行为的效用'的实验，你们将会分别扮演老师和学生。"表面看来，所有的志愿者都知晓实验的目的，实际上他们从头到尾都被蒙在鼓里，因为所有的学生都是实验者假冒的，志愿者扮演的角色只是老师而已。

实验者安排老师和学生分别坐在两个房间里，他们彼此不能见面，但是可以通过声音交流。实验开始后，老师会拿到一张题纸和一个电击控制器。题纸上面印着一些题目和选项，以供老师向学生提问；电击控制器则用来对回答错误的学生进行惩罚。学生每次回答错误之后，电击的电压数会随之提升。

随着电压的上升，学生的反应会有不同，不过这也是实验者事先设计好的桥段。当电压上升到120伏时，学生会痛苦地尖叫；电压达到150伏时，学生会说想要退出实验；电压达到300伏时，学生会拒绝回答问题，敲打墙壁，或者声称自己患有心脏病。

听到学生痛苦的尖叫，扮演老师的志愿者会提出退出实验。这时，实验才真正开始。当老师想要退出时，实验者会对他说：“实验需要继续进行，请继续。”老师再次提出退出的想法，实验者会说：“继续进行是必须的。”当老师第三次提出退出时，实验者会说：“你没有选择，你必须继续。”经过三次的劝阻，如果老师执意退出，那么实验便会中止。否则实验继续进行，直到学生被450伏的电流惩罚三次后，实验才会自动停止。

出人意料的是，老师们直到电压上升到135伏时才第一次选择暂停。这时，有的老师想要退出，有的老师则开始怀疑实验的目的。不过，仍然有一些人在被告知无须承担责任后继续实验，一些人甚至在听到学生尖叫后笑了出来。

实验过后，米尔格拉姆得出了关于人类心理学研究的宝贵经验，然而实验本身却受到了伦理的质疑。在事后的随访中，其中一位扮演老师的志愿者表达了他的内心感受：“当我在进行实验时，虽然我相信我是在伤害某个人，但我完全不晓得我为什么要这样做。当人们根据他们自己所信仰的事物并顺从地服从权力者行动时，很少有人会意识到这点。”这位老师的内心感受则来自六年后战事正酣的越南战争。

和这个志愿者未被告知全部细节的实验相比，斯坦福监狱实验对被试的伤害要更严重一些。以至于实验结束后，津巴多需要亲自带领一个小组负责消除实验可能带来的不良影响。不过，津巴多本人也曾谈道：“发现这种隐形的影响比较困难，因为副作用很多，而且有些是根本说不清楚的。”

心理学家

科学心理第一人——冯特

1832 年，威廉·冯特出生在德国曼海姆北郊的一个村庄——内卡劳，他是家中的第 4 个孩子。冯特的家族中名人辈出，曾经有两位出任过海德堡大学的校长，还出过不少医生和学者。冯特的父亲则是一位牧师。

童年时期，冯特的学业表现并不出色。他常常神情恍惚，喜欢在课堂上做白日梦，为此经常被老师批评，甚至受到责罚。少年时期，冯特养成了严肃、朴实的个性。从此以后，冯特慢慢改掉了做白日梦的习惯，开始专注于学习。不过，他的成绩依旧平平。中学时期，他还曾因为留级而重读，从而延后了进入大学的时间。

19 岁时，冯特进入德国的图宾根大学学医。他之所以会选择医学专业，主要是因为父亲去世，他想要通过行医来维持家庭的体面生活。窘迫的家庭环境让他备受打击，随后他埋头苦学并转入海德堡大学。1855 年，冯特从海德堡大学毕业，取得博士学位。

全国医学会考第一名的成绩并没有让冯特对临床医学产生兴趣，于是他选择前往柏林大学深造。1857 年，冯特回到海德堡大学担任讲师。第二年，生理学院赫尔姆霍茨前往海德堡大学担任生理学教授，并且创办了一所生理学研究院。冯特受聘成为他的助手，随后疯狂地投入实验室的工作中。

在生理学实验室里，冯特负责训练一些学生操作关于肌肉痉挛和神经冲动传导的实验。在进行这些实验研究的同时，冯特关于心理学的一些概念逐渐形成。多年后，他将所有对心理学的见解汇总为《感官知觉理论文集》。在这本书里，冯特记录了他参与的一些实验，并且第一次提到“实验心理学”这一概念。

1871 年，赫尔姆霍茨离开海德堡大学。原本期待接替生理学教授位置的冯特未能如愿，他只获得了一个临时教授的头衔。不过，冯特此时的经济状况已经好转，使得他能够顺利地与未婚妻索菲·毛结婚。

婚后，在从事教学的同时，冯特开始写作《生理心理学原理》。在这本书中，冯特将心理学从哲学和生理学中分离出来，发展成为一门系统的独立学科，并且确立了心理学的研究内容——人的心理活动。

1875 年，冯特被莱比锡大学聘为哲学教授。1879 年，他在莱比锡大学的一间寄宿招待所中创建了第一个心理学实验室。心理学实验室的创建标志着心理学的正式诞生。

此后的 40 多年，冯特一直住在莱比锡大学。由于少年时期的习惯影响，他的生活缺少游戏和娱乐，他从来不知道怎么玩，也没有消遣的喜好。除欣赏音乐会之外，冯特几乎从不出门。他不喜欢旅行，也不喜欢参加公共的活动，每一天他都按照严谨的、富有规律的时间表生活。

从娱乐活动中省出来的时间，全部被冯特用来搞心理学研究。因此，他在课堂上总是可以口若悬河，带着饱满的激情向学生讲授专业知识。带着对心理学的热爱，冯特一直工作到 85 岁才退休。

1920 年，冯特回忆了他研究心理学的一生，写成了他的自传《经历与认识》。此书出版后不久，也就是同年 8 月，冯特在莱比锡去世，享年 88 岁。

作为心理学实验研究的第一人，冯特在心理学史上具有独特的重要地位。美国社会心理学家莫菲说：“在冯特创立他的实验室之前，心理学像个流浪儿，一会儿敲敲生理学的门，一会儿敲敲伦理学的门，一会儿敲敲认识论的门。1879年，它才正式成为一门实验科学，有了一个安身之处和一个名字。”

此外，冯特向具有浓厚哲学思辨色彩的心理学中引入实验的方法，他所创建的实验室也成为众多心理学实验室的典范。不过，冯特的实验室并没有准备好解决情绪、思维、意识和智力等问题，这是冯特的遗憾，也是时代的局限。

冯特的一生，除了写就了两部大部头的心理学教科书，还通过言传身教培养了众多优秀的学生。在心理学成为独立学科后的前半个世纪，冯特的学生们纷纷成为心理学领域的知名专家。

第二章

心理学如何研究心理

生物学家用观察的方法来研究鸟类的进化；化学家在实验室里分离出化学元素；神经生理学家切开人的大脑研究神经组织；传记学家则躲在档案馆里，通过翻阅发黄的资料撰写人物传记。对于心理学家来说，需要博采众长才能进行科学的研究。为什么呢？因为心理学是一门介于自然科学和社会科学之间的中间学科。

何以踏入科学之门

在物理学领域，事物总是很容易被量化。比如，张三和李四哪个人跑得快？只要让他们出去跑一跑就知道了。同样是 100 米的距离，如果张三用了 14 秒，李四用了 15 秒，很显然，张三比李四跑得快。

然而，在心理学领域，并没有经典物理学的这些成熟理论，也没有这么成熟的运算公式，更确切地说，心理学的概念根本无法用简单的数据公式来衡量。在物理学中，速度可以通过公式来计算，地球引力也可以根据公式推导获得，那么在心理学中，如果心理学家想要研究某一个心理过程，又该如何操作呢？

为了解决这个问题，心理学家借鉴了物理学的一个概念——操作性定义。操作性定义，也叫作“操作定义”，是根据可观察、可测量、可操作的特征来界定变量含义的方法。最早提出这一概念的是美国的物理学家布里奇曼。

简单来说，操作性定义就是用简单、可见的指标来测量抽象概念的一种方法。比如，物理学上的“1 米”，最初被定义为通过巴黎的子午线上从地球赤道到北极点距离的千万分之一；“1 小时”的时间长度为地球自转一周所需时间的 1/24。不过，操作性定义运用到心理学中就比物理学要困难得多。

比如，如何定义美女？街上的女孩很多，如何定义其中的美女？一个很浅显的标准是回头率。我们可以定义：回头率在 80% 以上的女子就是美女。可是，那些回头看的人可能不是因为一个女子的美，也可能是因为她的衣着怪异，或者她身上散发出来的奇特气味。可见，将心理学概念量化并不是一件简单的事。

我们也可以尝试定义“学生的阅读能力”。我们可以将阅读能力分为三个维度，分别是阅读速度、文字辨别和理解能力，然后我们可以要求学生阅读一份材料，如果他的阅读速度达到 200 字 / 分钟，文字辨别达到 90% 以上，理解能力达到 80% 以上，就可以定义为“这个学生的阅读能力强”。

此外，很多心理学家都在研究电视中的暴力镜头与儿童攻击行为之间的关系，但是如何给“暴力镜头”和“攻击行为”下操作性定义，往往成为心理学家首先遇到的难题。在所有的心理研究中，都是研究的程度越高，对于操作定义的控制就越严谨，因此情况也会变得越来越复杂。而且，心理学家往往都在操作那些无法直接观察，甚至难以用语言表述的心理变量。

试想一下，如果你是一名心理学家，想要研究人的自尊水平与行为之间的关系，或者是动机水平与行为之间的关系，那么你要如何合适地定义“自尊”这一概念？要怎么区别人的不同动机水平呢？如果你的定义在同行之间引起较大争议，你又要怎样抓住心理概念的实质，给出一个精确的答案呢？

永远主观的观察者

人们常说，一个人所看见的、听见的、观察到的，只是主观臆测的结果，永远都不可能是事实的本来面目。最直白的原因是，人不可能100%不用大脑进行观察和分析，而来自大脑的信号往往都是主观的。

在心理学实验中，经常有研究者因为个人的动机和预期导致实验结果错误，这一现象被心理学家称为“观察者偏见”。心理学家在研究某一课题时，都会尽量要求实验条件和实验设计的标准化，并且对研究的目标进行标准化定义，但是如果心理学家忽视了主观态度、观察角度对实验的影响，依旧无法保证研究的公正，令人信服。

观察者偏见中最经典的一个案例就是“螳螂吃夫”的故事。相信每个人都有这样的“常识”，认为雌雄螳螂交配成功后，雌性螳螂会吃掉自己的配偶，并且解释说，它们这样做的目的是给自己补充营养，以保证后代的健康出生。对于这样流传许久的事情，你是抱着诧异的态度，惊叹世间竟然还有这样的事，还是心中怀着疑问，事实真的如此吗？有什么证据证明呢？其实，这一讹传来自20世纪的一项实验研究。

1886年，美国昆虫学家哈沃德在《科学》发表了一篇文章，主要描述他对“螳螂吃夫”的观察。文章中记录道：“把它们放在罐子里的时候，交配后的雄螳螂会尝试着逃跑。可是几分钟之内，它就会被雌螳螂捉住。雌螳螂会先扯下雄螳螂的头吃掉，然后是胫节、大腿，最后只剩下两只薄薄的翅膀……看起来，如果一个雄螳螂最终竟然能从雌螳螂那里逃脱的话，几乎是天赐的好运。”

后来，昆虫学家法布尔在《昆虫记》中也对“螳螂吃夫”进行了描述：“事实上，螳螂甚至还具有食用它丈夫的习性。这可真让人吃惊！在吃它的丈夫的时候，雌性的螳螂会咬住它丈夫的头颈，然后一口一口地吃下去。最后，剩余下来的只是它丈夫的两片薄薄的翅膀而已。这真令人难以置信。”

从此之后，这个来自实验观察且被专业人士引用的说法流传了近百年，所有人都未曾质疑，这一结论可能完全来自观察者的主观偏见。后来的研究者们发现，在自然界中，“螳螂吃夫”的现象并不绝对。当时哈沃德观察到的现象很可能是由于观察者在场，引起了雌性螳螂的紧张，误将雄螳螂当成敌人。更可信的原因是，雌性螳螂当时正处于严重的饥饿状态，雄螳螂不过是它充饥的食物。这一结论在后来的实验中得到了证实。

1988年，科学家里斯克和戴维斯在实验室里重新观察了螳螂交配的过程。为了避免雌雄螳螂因为紧张或者因为饥饿吃掉配偶，他们在实验之前喂饱了那些挥着大刀的伙计，随后他们将灯光调暗，离开实验室，走到摄影机后面观察。

结果非常令人意外，在30多次交配过程中，没有一只雌性螳螂吃掉自己的配偶。在观察期间，他们还奇迹般地记录了专属螳螂的求偶仪式。在交配之前，雄性螳螂会翩翩起舞，在长达10分钟甚至两个小时的时间里，雌性螳螂慢慢放下戒心，开始坦诚地接纳雄性螳螂。

里斯克和戴维斯分析，在以往的实验中，研究者之所以会看到“螳螂吃夫”的现象，原因之一就是观察者的在场让螳螂的求偶仪式无法进行，从而引发雌性螳螂的攻击行为。此外，为了证明雌性螳螂吃掉配偶是由于饥饿，里斯克和戴维斯安排了处于3种状态的螳螂——严重饥饿、中度饥饿和零饥饿。

观察发现，处于严重饥饿状态的雌性螳螂在见到雄性螳螂之后，根本无心交配，抓过来直接吃掉。处于中度饥饿状态的雌性螳螂尚且能完成交配，但是在交配结束后，还是会吃掉配偶。而那些刚刚吃饱、毫无饥饿感的雌性螳螂则并不想吃掉配偶。由此可见，“螳螂吃夫”的其中一个动机是饥饿。

1992年，劳伦斯在野外观察了欧洲螳螂的交配过程。在他观察的成对雌雄螳螂中，有1/3的雌性螳螂出现了“吃夫”的行为。在野外，螳螂经常处于饥饿的状态，雌性螳螂吃掉雄性螳螂的确对它们的后代存活有好处。

一个“螳螂吃夫”的现象就用了一个多世纪的时间，经过几代人的努力才寻得真相。真相的到来也再次证明，当年的研究者并未创造标准的实验条件，从而导致主观因素影响了实验的结论。

实际上，观察者偏见是心理学实验中一个非常重要的问题。实验研究最普遍、最常用的方法就是观察法，但是一旦需要人来观察，需要人来做出评价时，难免就会涉及实验者的主观因素。

为此，在心理实验中一般都要严格设计实验流程，尽量避免研究人员对实验结果的主观影响。同时，在分析结果时，每一个论点都应该提供翔实的数据，因为数据永远比论点可信。

内心期待歪曲了事实

哈佛大学的心理学家罗森塔尔曾经做过这样一个实验。他将一群小老鼠分成了两组，分别为A组和B组。他把A组的小老鼠交给一组学生，并告诉他们："这群小老鼠特别聪明，下面就交给你们来训练。"他把B组小老鼠交给另一组学生，并且说："这是一些智力普通的老鼠。"

两组学生分别对A、B组老鼠进行了走迷宫测试。实验结束后，学生们得出结论，A组老鼠的确比B组老鼠聪明很多，因为它们总是能够先从迷宫中穿越出来。实际上，罗森塔尔只对老鼠进行了随机分配，他并不知道哪些老鼠聪明、哪些愚笨。那么，这样的结论又是从何而来呢？

原来，一切都源于罗森塔尔嘱咐的那番话。当他告诉学生A组的老鼠聪明时，这些学生就会认为它们的确是聪明的老鼠；当他告诉学生B组老鼠普通时，学生也会自然地把它们当作不够聪明的老鼠对待。

老鼠走迷宫的实验并没有真实地测试出老鼠走迷宫的能力，或者说老鼠在走迷宫的过程中，偶然机会的影响比较大，根本无法区分老鼠聪明与否。那么，学生们得出的结论就不可能是真实的结果，而只是符合他们心中期待的结果罢了。

后来，心理学家将这种现象叫作"罗森塔尔效应"，也叫作"期望效应"，这种效应也是认知偏见的一种。在实验中，常常由于实验者无意识的操作、心理暗示或者预期某些测试结果而得出实验者预期的结论，却并不是真实的实验结论。为了避免这种预期的发生，在心理实验中，常常采用双盲的实验方式来进行。

在认识双盲实验之前，我们先来了解一下单盲实验。

在北美洲，可口可乐一直是饮料行业的老大，即使百事可乐几次三番地奋起直追，也没能撼动它的位置。

1972年，在一次美国的饮料调查中，只喝可口可乐的人占18%，只喝百事可乐的人占4%。到了20世纪80年代，比例有所变化，只喝可口可乐的人占12%，只喝百事可乐的人占11%。为了证明百事可乐的口味并不输于可口可乐，百事可乐公司发起了一个测试，名叫“百事挑战”。

在购物中心和卖场，百事的工作人员在一张桌子上摆了两个杯子，杯子上没有任何标签。其中一杯装的是百事可乐，另外一杯装的是可口可乐。参与实验的志愿者可以随机挑选杯子，喝掉杯子里的可乐，然后报告喜欢哪一杯的口味。实验结束后，工作人员会告知参与者，哪一杯是百事可乐，哪一杯是可口可乐。

测试结果显示，在所有参与实验的志愿者中，有57%的人认为百事可乐好喝，43%的人认为可口可乐好喝。既然百事可乐的口味并没有输给可口可乐，为什么市场上选择可口可乐的人永远多过百事可乐呢?

百事公司的领导层发现，原来主导人们进行选择的根本不是可乐的口味本身，而是一种品牌认同度。从此之后，百事将方向转向打造知名的品牌，至今为止，百事可乐已经成为唯一一家有实力和可口可乐竞争的饮料公司。

在百事公司发起的百事挑战实验中，百事公司的工作人员知道实验的内容，而参与者不知道，这样的实验就叫作“单盲实验”。如果连负责测试的工作人员都不知道实验内容，这个实验就变成了双盲实验。

相对于单盲实验，双盲实验避免了实验参与者的期望效应。比如，如果事先告诉参与者哪一杯是可口可乐，可口可乐品牌的忠实拥护者就会忽略掉口味的比较，直接选择“可口可乐更好喝”。除此之外，双盲实验还避免了观察者偏见。毕竟，如果实验者在实验中加入个人的品牌偏好，就有可能对参与者做出无意识的暗示，从而影响参与者的选择。

当然，无论是双盲实验还是单盲实验都不是万能的。即使这些实验方法有效地避免了许多误差，它依旧有不够完善的地方。比如，在双盲实验中，很难避免分组信息的泄露。但是，这已经是目前为止人类能够想到的最简单、有效的方法了。相对于完美来说，我们还相差很远，但是和黑暗中的摸索相比，已经进步一大截。

在自然中观察

对于人类和各种动物的行为，心理学家总是充满激情和兴趣。他们愿意花费大量的时间为猴子的合作行为设计一系列实验，也愿意花费几十年的时间跟踪几个孩子，研究学生记忆的发展过程。在普通人看来，这种长久的坚持、细致的观察和不懈的执着近乎偏执，一般人都无法理解，然而这正是科学研究的魅力所在。

心理学的研究方法有很多种，对一种现象进行长久的观察和记录，叫作“自然观察法”；根据标准的量表来获得某种心理品质的数据叫作“测量法”；将某个心理现象涉及的变量放入严格控制的实验室环境中，探究因素之间的关系，所使用的方法就是实验法。

除此之外，还有一种从医疗中演变而来的古老方法——个案法。就像医生对某位病人的跟踪治疗一样，心理学家也会选择固定的研究对象，然后花上几十年的时间，发现其内心世界的变化以及心理与行为之间的关系。比如，想要了解单亲家庭对儿童心理的影响，就要研究被试的成长过程，从小到大进行跟踪研究。这种方法耗时最长，却能够得到最翔实的资料和最丰富的信息。

在所有的研究方法中，自然观察法是最直接、最简单的方法。所谓自然观察，就是在不改变周围环境的前提下，观察一些自然发生的行为。这种方法可以用来研究人类的行为，如研究儿童的游戏行为，也可以用来观察动物的行为，如观察黑猩猩。

不过，和以人的行为为对象的研究相比，观察动物的行为似乎困难一些。毕竟，想要了解非洲瞪羚的迁徙行为，就需要研究者亲身前往非洲，与瞪羚相处几个月，甚至几年；如果想要研究南极帝企鹅，就需要前往南极腹地，在严寒的环境下耐心观察。

虽然说自然观察可以帮助研究者收集到大量的第一手资料，如果真的涉及严苛的自然环境，一个简单的初衷也将面临巨大的挑战。幸运的是，投身于科学研究的人根本没有把这些困难放在眼里。在人类的科学研究史上，将自然观察法运用到极致的莫过于英国动物学家珍·古道尔了。

1934年，珍·古道尔出生在英国伦敦。当她还是个小女孩的时候，就非常喜欢看有关动物类的书籍。每次看到书中提到的非洲动物，古道尔就会在心中升起莫名的渴望，非常期待有一天能够飞到那个遥远的大陆，亲眼见识一下那里的动物。

中学毕业后，古道尔在牛津大学找到了一份临时的工作。在工作之余，她最喜欢去的地方就是自然博物馆。她喜欢看所有关于动物的著作，并且细心研究。一个偶然的机会，她的一个中学同学搬到了非洲的肯尼亚居住，并且邀请她去做客。

朋友的热情邀请，加之古道尔多年来的内心期待促成了她的非洲之行。在出发之前，古道尔找到了一份餐馆服务员的工作。服务员的工作虽然辛苦，却可以帮助她尽快攒足旅费。可能连她自己都不曾想到，这次意外的旅行竟然彻底地改变了她的一生。

来到肯尼亚之后，古道尔找到了著名的考古学家里基，想找到一份能够和动物接触的工作。缺少专业素养的古道尔用她的真诚和对野生动物的了解打动了里基，最后她成了里基的私人秘书。随后，里基看到古道尔的志向——研究野生动物，于是派她到坦桑尼亚去观察黑猩猩群。这个不曾受过专业训练的女孩只身闯入黑猩猩的领地，开始了她在黑猩猩领域的科学研究之旅。那一年，古道尔 26 岁。

这是一项前无古人的研究，等待古道尔的是一个完全未知的世界。黑猩猩生活的地方人迹罕至，随时都有不可预知的危险发生。即使是生活在当地的居民，也遭遇过被黑猩猩挖去眼球的经历，更何况形单影只的一个年轻女子？

刚刚进入森林腹地，黑猩猩对这位闯入者并不欢迎，不是纷纷躲避她，就是对着她嘶声呐喊。为了不引起丛林的骚乱，古道尔只能站在500米之外观察它们。为了尽快融入森林的环境中，古道尔选择了一个最直接，也是最艰苦的办法——露宿林中。

在十几个月的时间里，古道尔住在山林间的帐篷里，和黑猩猩吃一样的果子，用所有的时间观察黑猩猩的行为。功夫不负苦心人，黑猩猩最终接受了她的存在，甚至和她建立了亲密的关系。

五年后，古道尔对黑猩猩的观察和研究成果使她获得了剑桥大学的博士学位，同时，她的一个发现也震惊了世界学术圈。在古道尔的发现问世之前，生物学家对人类的定义一直是“能够直立行走，制造工具的高级动物”。然而，古道尔通过观察发现，黑猩猩同样能够制造、使用工具。古道尔观察了一只黑猩猩用树枝取食白蚁的过程。

首先，黑猩猩会折断一根树枝，将树枝上面的叶子摘掉，然后将树枝伸入白蚁洞内，过一会儿取出，这时树枝上已经沾满白蚁。黑猩猩吃掉树枝上的白蚁后，再次重复这样的动作。如果一根树枝用断了，它会重新折一段，摘掉叶子之后继续使用。黑猩猩的这一行为正是人类制造、使用工具的雏形。

此后，古道尔一头扎进非洲的丛林中，用了30多年的时间来研究黑猩猩的行为模式。多年来，她认识了研究中的每只黑猩猩，并且为它们各自起了名字。由于黑猩猩和人类具有98%相同的基因组，古道尔也发现了黑猩猩和人类的相同之处。不过，古道尔认为黑猩猩并不像人类一样拥有意识，即使细致地观察，也看不出它们的个性所在。

如今，“珍·古道尔”这个名字已经和“保护大猩猩”成了同义词，她多次受到国家级的表彰，成了世界级的模范科学研究员，也成为黑猩猩最好的人类朋友。

被阈下信息操控的行为

如果有人告诉你，在超市播放的音乐中嵌入一组“如果偷窃，将被送到监狱”的阈下信息，就能够帮助减少超市的偷窃案和现金流失现象，你会相信吗？如果有人说，在贝多芬的《月光奏鸣曲》中嵌入毫无秩序的次声波，会让音乐厅中的观众感到头痛、恶心，甚至愤然离席，你觉得这是真的吗？

在揭开谜底之前，我们先来了解一个心理学中重要的名词：阈。在汉语中，“阈”有国门、家门的意思，表示一种界限。在心理学上，它同样表达了一种界限，指的是人的“感觉界限”。

周围环境中存在着各种声、光、画的刺激，但是人的感官并不能一一感受到这些刺激，原因就在于，我们只能接受一定范围内的刺激。这个引起感觉的刺激范围被称作“感觉阈限”。只有在阈限范围内的刺激，才能被人感觉到。

举个例子来说，在一个非常安静的房间里，有一个声音正在从微弱逐渐变大。但是，当这个声音的振动频率在5赫兹时，人耳是感受不到的。只有到了20赫兹，人耳才能感受到。当声音越来越大，超过20千赫兹时，人耳会再次感觉不到。因此，人耳的听觉阈限就在20赫兹至20千赫兹之间。不过，这是理论数值，根据实际情况，具体的数值还有可能发生变化。

了解了“阈”的概念，“阈下”的概念自然也很好了解。所谓阈下，自然就是在人类感官能够接受的最低强度之下。处在阈下的信息，虽然感官接收不到，但是却会在不知不觉中影响人类的行为。在日常生活中，普通大众还可能被懂得运用阈下信息的商家所操控，就像开篇所说的那样——你永远不知道，行为的发生是来自意识的决定，还是来自阈下信息的影响。

1979 年，心理学家威尔逊做了一个著名的“双耳分听”实验，用以研究阈下信息对人类行为的影响。实验开始后，实验者给被试戴上耳机，两只耳机里播放的是完全不同的内容。一只耳机在播放一篇文章，实验者要求被试边听边朗读。另一只耳朵则播放数段音乐，而且都是被试从来没有听过的。

边听边朗读的目的是使被试集中注意力听耳机里播放的文章，同时忽略掉另一只耳机播放的音乐。所谓一心不可二用，从心理过程来看，当人的注意力集中于一件事物时，其他事物则被知觉为背景，不会被感官接收。于是，另一只耳机里的音乐可以视为阈下刺激。

文章播放完毕后，实验者要求被试从 3 首刚刚播放的音乐和 3 首未曾播放的音乐中选择听过的，被试无法正确辨认。不过，当实验者要求被试从 6 首混合的音乐中挑出比较熟悉的音乐，他们辨别出的音乐都是刚刚播放的。由此可见，虽然被试并没有知觉到音乐片段，它仍旧在不知不觉中对人的大脑产生了影响。

除了威尔逊的实验，心理学家也通过监控被试生理上的变化，证实了阈下信息对人的影响。当播放一段低于听觉阈限的音乐时，虽然人无法感觉，生理上却会出现反应，如脑电波开始变化、眼睛的瞳孔放大等。

阈下信息对人的影响有多大、会影响到什么程度，学术界至今仍有争论。不过，一些聪明的商家已经想到应用阈下信息的办法，如超市中播放的音乐、录影带里的信息暗示等。在利用阈下技术改变人类行为的实验中，最为人称道的就是心理学家维卡里的投影实验。

1957 年，维卡里在新泽西的一家电影院做了阈下信息的尝试。在电影播放的过程中，维卡里利用另外一台投影仪，每隔 5 秒钟就会在银幕上投放“吃爆米花”和“喝可口可乐”的信息。这一信息只会在银幕上停留 1/3000 秒，人眼根本捕捉不到。

自从这一信息出现后，电影院里爆米花和可口可乐的销量都有所增加。但是这一实验不够正规，无法直接确定爆米花和可口可乐销量的增加是由于阈下信息的出现。不过，这一实验还是引起人们对阈下信息的关注，学术界也开始讨论应用阈下信息在伦理上的合理性。

心灵视窗

心理实验中的人道主义

在上一章的《心灵视窗》中，我们讲到了心理实验对人造成的伤害。在这一章里，我们来看看心理学家们对动物造成的伤害。

如果说设计不够完善的实验可能伤害到人类的情感和精神，那么对于动物的伤害则更多的是肉体上的痛苦甚至死亡。在研究者们尚且没有想到用人道主义的方式对待动物之前，实验室里备受折磨、最终死去的动物不计其数。它们中的少数成功地帮助心理学家发现问题，得出正确的结论，而大多数动物则只是在忍受一轮又一轮的实验折磨后绝望地死去。

在一系列关于“习得性无助”这一课题的研究中，数十条狗成为心理学家的被试，在经历过无数次的电击之后，它们变得非常沮丧，甚至不再努力逃脱，只是无助地继续忍受电击。

1953年，哈佛大学的所罗门·坎明和维恩找来40条狗，并将它们放在一种自制的、名叫“穿梭箱”的东西里。穿梭箱的中间有一个挡板，将箱子分成两部分。挡板和狗背一般高，足以让它轻松地从一边跳到另一边。

实验开始后，实验者在箱子底部对狗进行电击，狗感受到疼痛后，会迅速跳过挡板，逃到另一边。此时，实验者会将箱子的另一边也通上电，并且对从对面跳过来的狗进行二次电击。实验者发现，当狗从一边跳入另一边时，发出了一种如释重负的叹息声；当它再次遭受电击时，却会发出一种惨叫。

接下来，实验者用透明的塑胶玻璃将狗封闭在箱子的一边。给箱子通电后，狗会迅速跳跃以试图逃离疼痛，这一次它却会头撞玻璃，忍受更严重的疼痛。玻璃没有撞碎，狗却开始发出惨叫，同时伴有颤抖、萎缩、大小便失禁等。

十多天之后，这些永远无法逃脱痛苦的狗已经放弃逃跑的念头，即使实验人员继续电击，它也不再挣扎、不再反抗。实验者在最后的结论中写道：“反复对动物进行电击，当这些电击非常强烈且无法避免时，动物会产生一种无助和绝望的情绪。”

1967年，美国宾夕法尼亚大学的心理学教授西里格曼做了类似的实验，并且第一次提出“习得性无助”这一概念。实验中，西里格曼将狗关在一个上锁的笼子里，在笼子的铁丝网上安装一个扩音器和通电装置。

只要扩音器一响，西里格曼就会给铁丝网通电。电流的强度会让狗感到痛苦，但是不会造成实质的伤害。实验开始后，扩音器一响，被电到的狗就会在笼子里四处乱窜、四处冲撞，企图寻找逃脱的出口。几次失败之后，狗就会放弃挣扎。到最后，即使扩音器响了，电流通过铁丝网，狗也宁愿躺在笼子里忍受痛苦，不再做无效的抗争了。

后来，西里格曼又将狗放在一个更大的笼子里，与所罗门·坎明和维恩的研究类似，他也用隔板在笼子中间隔开，隔板的高度刚好是狗可以轻松跳过的。为了进行对比，西里格曼找到一条没有参与之前实验的狗，和之前被电击过的狗一起关进笼子里。

扩音器响起来时，笼子通电，作为对照组的狗感受到疼痛后，一下子跳过了挡板，逃到安全的一边；那条备受摧残的狗则眼睁睁地看着同伴逃离到安全地带，自己则麻木地躺在笼子里，直接放弃尝试的机会。

看过这些动物被试的遭遇，不知道你是否有一点感同身受，为心理学家们这种不人道的实验方式感到气愤，为动物的悲惨命运感到难过？实际上，如今已经有许多心理学家早已放弃对人类心灵的兴趣，他们研究的焦点已经从人变成老鼠、猴子、猫、狗这些动物。于是，动物的悲惨命运一代一代地延续着。

牺牲动物的健康甚至生命做实验，还有一个更重要的心理基础，就是人类的自大，这种自大被称作“种属主义”。人类习惯地认为，只要是我们人类能够获益的事情，牺牲一些动物根本不足为道。于是，动物们的欢笑、哀愁、痛苦和死亡就成了人类文明进步的铺垫，动物们成了科学发展的殉道者。

虽然心理学家也在考虑在实验中替代动物的方法，不过就目前而言，心理研究尚未找到其他途径。为了实验者能够更人道地对待实验中的动物，尽量避免不必要的伤害，各国心理学会和政府都在制定相应的法律，各地的心理研究中心也制定了使用动物作为被试的原则。

如果未来心理研究者依然无法避免用动物来做实验，保护动物最好的方法就是认真阅读各项法律条款和指导原则。一个具有道德良心的心理研究者不可以虐待动物，也不应该让动物忍受痛苦和伤害。

心理学家

扛着行为主义大旗的学者——华生

约翰·布罗德斯·华生，1878 年出生在美国南卡罗来纳州的格林维尔。他的父亲是一个农场主，母亲是美南浸信会的虔诚教徒。13 岁那年，华生的父亲抛弃了家庭，选择和一个女人私奔，随后他的母亲卖掉了农场，带着孩子搬到城市居住。

来到城市之后，经常被同学嘲弄的华生学习成绩非常糟糕，他整天情绪低落，不是不认真听课，就是与同学争斗，为此他曾经两次被捕。在中学阶段，他的成绩总是勉勉强强能够升级。16 岁那年，华生见到了福尔曼大学的校长，得以顺利升入大学。

起初，华生遵从母亲的意愿选择了神学，不久后他就放弃了。转入哲学系之后，华生开始认真学习，五年后顺利拿到硕士学位。毕业后，华生在一所只有一个班级的小学担任校长。一年后，华生进入芝加哥大学，跟随约翰·杜威学习哲学。

没过多久，华生发现自己已经失去对哲学的激情，同时无法理解导师杜威的思想。于是，华生选择转系。这一次，他选择了真正感兴趣的心理学，并且跟随心理学家安吉尔和生理学家唐纳森学习。

在大学里学习的同时，华生还需要自谋生路。于是，他在芝加哥同时打了好几份零工，包括给心理学系看门，在实验室照管小白鼠，在学校餐厅当服务员等。1903 年，华生顺利获得哲学博士学位，并且和玛丽·伊克斯结了婚。

华生的毕业论文题目是《动物教育：白鼠心理发展与其神经系统发育的实验研究》。在这本书中，华生描述了不同年龄白鼠大脑的髓鞘化与学习能力之间的关系。结果证明，大脑髓鞘化的程度与学习能力基本无关。

从 1903 年到 1908 年，华生一直留在芝加哥大学工作。在授课的同时，他做了大量的动物实验。在这五年间，他主要研究感觉输入、学习与鸟类行为之间的关系，根据这些研究，华生渐渐形成关于行为主义的信念。

1908 年，华生被霍普金斯大学更丰厚的薪水和研究条件所吸引，离开芝加哥大学前往巴尔的摩市工作。在那里，华生慢慢走入学术生涯的顶峰，并且确立了自己"行为主义者"的身份。1913 年，华生在杂志上发表了一篇名为《行为主义者心目中的心理学》的文章，正式开始了行为主义的革命。

随后，华生在行为主义专著《行为：比较心理学导言》中系统地阐述了自己的观点。他的观点对美国心理学界产生了巨大的影响。两年后，华生当选为美国心理学会主席。这一年，他仅仅 38 岁。

1920 年，一则轰动社会的桃色新闻结束了华生的学院生活。在与美丽的研究生助手罗莎莉·雷纳合作期间，两人日久生情，发展出婚外情。按照当时的校规，教授发生这样的性丑闻是不被允许的。于是，在妻子玛丽·伊克斯将华生写给雷纳的露骨情书交给校长富兰克·古德劳后，华生随即被解除教职，离开了霍普金斯大学。

离开大学后，华生的学术经历从此中断，不过他对行为主义的研究仍在继续。进入广告界后，华生致力于用行为主义的方法对商品进行广告宣传。同时，他通过为杂志撰稿、亲自讲课的方式来普及行为主义理论。

1925年，华生出版了《行为主义》一书。在这本书里，他用通俗易懂的形式介绍了行为主义。此后，华生再也没有做过心理学方面的专业工作。1947年，华生从商界退休，在一个农庄中度过晚年生活。1958年华生去世，享年80岁。

作为行为主义的先行者，华生忽略掉人的整个心理过程，直接关注人的外显行为。同时，他反对"遗传决定论"的说法，认为所有的先天行为都是后天造就的。在华生的众多言论中，最有名的一句就是："给我一打健全的婴儿，把他们带到我独特的世界中，我可以保证，在其中随机选出一个，训练成为我所选定的任何类型的人物——医生、律师、艺术家、商人，或者乞丐、窃贼，不用考虑他的天赋、倾向、能力，祖先的职业与种族。我承认这超出了事实，但是持相反主张的人已经夸张了数千年。"

在众多的引述中，最后一句"我承认这超出了事实，但是持相反主张的人已经夸张了数千年"经常被省略，以此显示华生更为激进的思想。不过，他的确做过类似的尝试。在讨论人的行为是先天遗传还是后天产生的过程中，华生进行了著名的小阿尔伯特实验。

华生和他的助手雷纳在孤儿院找到一个健康、正常的幼儿小阿尔伯特，当时他只有11个月零5天。根据华生的观察，小阿尔伯特并不害怕小白鼠，但却对巨大的铁锤敲击声表现出恐惧。每次听到敲击声，小阿尔伯特都会哭闹或者爬开。

于是，华生让小阿尔伯特先接触小白鼠，然后让他听铁锤的敲击声。当小白鼠和敲击声一起出现多次之后，小白鼠和小阿尔伯特的恐惧之间形成条件反射。此后，只要小阿尔伯特一见到小白鼠，就会产生强烈的情绪反应。

当小阿尔伯特1岁零21天时，华生对他进行了泛化的测验。结果发现，小阿尔伯特不仅对小白鼠产生恐惧，小白兔、小白狗，甚至是白色的毛皮大衣也会令他苦恼不已。

从实验伦理的角度来说，华生的做法是非常不人道的。当时，华生也意识到这个问题，可惜的是，当他想要重新实验，试图消除小阿尔伯特身上的条件反射时，小阿尔伯特已经被人领养离开了孤儿院。

第三章

人的大脑与心理

心理是脑的机能，即脑是心理活动的器官。没有大脑就谈不上心理，思维、意识也不会存在。脑的正常发育保证了个体心理的发展，心理活动也不断丰富了脑的神经结构。当然，脑和心理的媒介便是客观现实，即人类社会和人类本身，除却客观现实，脑不过是形同虚设，心理也变成了无源之水。

脑的进化

对于人脑的看法,《偶然的心灵》作者、霍普金斯大学的神经科学教授大卫·林登提出了自己的观点:“从一个角度来看，人类的大脑真是个杰作。从另一个角度来看，它只是一个3磅重的低效的肉果冻。”在他看来，人类的大脑脱胎于水母，在类似于蜥蜴、老鼠大脑的基础上，创造了足够多的神经元和大量的相互联系。这一变化的结果使得人类从普通动物中脱离出来，创造了辉煌的人类文明。

在8000万年前，人类和短尾猴、老鼠同属一个祖先。和其他的物种相比，人脑在进化速度上占据绝对的优势，人类脑部进化的速度不是像蜗牛一样爬行，而是用火箭般的速度在飞速发展。于是，在未来的发展中，人类和那些同源的生物走上了完全不同的道路，大量的基因突变正是在这一阶段完成的。

大脑的发达令脑的重量增加、体积增大，这一变化直接影响了人类文明的发展。脑的增大让我们的祖先变得聪明起来，从而发展出复杂的思维、推理和记忆能力。目前，一个成人大脑的大小已经是大猩猩大脑的3倍。

为了能够适应直立行走后快速变化的外界环境，人类的大脑必须发展成一个高效的、能够迅速处理紧急情况的中枢系统。按照水母那种慢节拍的生活方式，人类必将在进化的道路上灭亡。

为此，一种由神经元构成的神经网络正在慢慢搭建起来。对于单个的脑细胞来说，它们往往反应缓慢且效率不高。如果想在不更换大脑零件——脑细胞的基础上，让人类拥有一颗聪明的大脑，唯一的方法就是在神经元之间构建大量的连线。

当神经元之间的连线搭建完毕后，大脑之内就构成一个四通八达的神经网络。这些通达的神经网络保证了信息的完整和畅通。这时候，如果你的脚底在星期一被虫子咬了一口之后，绝对不会星期三才感受到痛感，星期五才得到大脑的指令，收回脚趾。

不过，人类的大脑袋也给后天的发育造成很大困难。婴儿出生后，需要用好几年的时间来完成大脑的增长，需要更长的时间才能完成全部神经线路的连接。这样的时间，对于只有几十年生命的物种来说，不能不说是一个奢侈的发展成本。

同时，占据人体体重 2% 的大脑消耗着人体总能量的 20%，使得人类不得不摄入大量的食物，以保证大脑的能量供应。难怪会有研究者认为，人类在未来可能走上大脑萎缩的退化之路，退回到我们祖先的水平，其目的就是节省过多的能量消耗。

可是，大脑的进化真的会就此停止，甚至走向倒退的道路吗？答案显然是否定的。虽然自然选择对大脑的进化已经不起作用，却不代表这一过程会就此停止。芝加哥大学的学者布鲁斯·莱恩研究发现，两个决定人脑大小的基因在过去的 6 万年里发生了显著的变化。基因的改变证明人脑的进化，于是莱恩得出结论：人脑仍然处在快速进化的过程中。

新的问题又来了。如果说人脑依旧处在进化的过程中，那么它是朝着什么方向发展呢？是《X战警》中的基因进化，还是《星球大战》中的系统升级，将人脑变成2.0版本？这些选择不失为一种进化的可能，同时，这种进化所需的科学基础和基因技术也是一个难题。

当然，头脑的进化并不是将人类变成机器人或者生物工程的技术产品。即使随着科技的发展，人类历史进入一个新的纪元，相信许多人偏爱的，依旧是延续了几百万年的身体和与水母、蜥蜴、老鼠有着相同“童年”的大脑。

大脑皮层的工作模式

当我们看到身边的事物时，总是轻而易举地叫出它们的名字。比如，这是矢车菊，那是公共汽车，500米处是一个年迈的盲眼老人，落在路边枝头的鸟是一只麻雀。在毫不费力地辨认出眼前事物时，你是否想过，当你说出这一词汇、描绘出某一状况时，大脑内发生了什么样的变化？

实际上，哪怕仅仅是读出写在纸上的“苹果”二字，也需要经过非常复杂的神经传递过程。首先，纸上的文字“苹果”构成了视觉上的刺激，它会被视网膜内的神经细胞检测出来，然后将这一信号通过丘脑传递给大脑中的视皮层。视皮层的工作就是处理所有的视觉信息。

接着，视皮层会将神经冲动传送给大脑颞叶上一个叫作“角回”的分区。在那里，大脑会找到与视觉信息相对应的听觉信息，随后将听觉信息传递给听皮层。接着，眼睛看到的图像就被解释为“哦，这个词是苹果”。最后，听觉信息会被传递到运动皮层，刺激嘴唇、舌头和咽喉共同合作，发出“苹果”这一词的声音。

想象一下，仅仅是识别一个词汇，就需要走过这么多的大脑分区，耗费如此之大的精力，那么读完一句广告语，朗诵完一首诗，甚至读完一本大部头的著作，需要花费多大的脑力呀！基于这样的工作强度，我们也能够理解，为什么身体上这个体积甚微的区域竟然消耗着人体能量的 1/5。

我们从大脑识别一个词汇的过程中可以发现，大脑在工作的过程中，每个区域都有合理的分工。神经科学的研究也证实了这一点，如大脑额叶负责管理全身骨骼肌运动的躯体运动区，颞叶负责理解别人的语言和监听自己所说的话。一旦某个区域受到损伤，就会影响身体的相应功能，甚至影响一个人的人格。

1848 年，哈劳发表了一个关于前额叶损伤患者的观察报告，报告记录了一名前额叶受损者的性情变化。当时，美国有一位名叫盖奇的工长，他在带领工人向岩石里填充炸药时，碰撞出的火花引燃了火药。爆炸导致一根长 1 米、直径 2.5 厘米的铁钎从他的面部刺入，穿过前额，从头顶飞了出去。

铁钎飞出后，盖奇当场昏迷。几分钟之后，他奇迹般地清醒过来。他能说话，也能活动，同伴送他去医院之后，他甚至可以自己走进手术室。不过，铁钎使得盖奇的大脑前额叶受到严重损伤。两个月后，盖奇顺利出院，一切生理机能也恢复了正常，但是他的性情发生了很大的变化，熟悉他的人都好像不认识他一般。

受伤前，盖奇是一个精明能干的人，和工作伙伴也相处愉快。受伤后，他变得偏执、粗野、优柔寡断，对同事漠不关心。他对曾经引起他巨大兴趣的工作也漫不经心起来，连工长的工作也无法胜任。

哈劳的报告让人们第一次知道前额叶损伤对人的心理造成的影响，也引起了研究者对于这一领域的注意。神经科学的发现表明，额叶是大脑半球四个叶中最大的一个，占 1/3 的面积，对人的思维活动和行为有重要的作用。额叶受损或者人为切除后，人就无法进行有目的、有计划的活动，甚至会失去很大一部分的人格，也会失去原本的创新能力。

讽刺的是，即使额叶的损伤会将一个有感情、有性格的人变成行尸走肉，在 20 世纪四五十年代，竟然有很多精神科的医生对精神病人实施切除额叶的手术，这一手术的创始人甚至获得了诺贝尔医学奖。

在额叶切除手术盛行之时，研究者们纷纷在科学刊物上发表自己的研究成果。他们向世人宣称，切除额叶手术是帮助有暴力或自杀倾向的患者安静下来的最好方法。1942 年，一位科学家在纽约的医学介绍会中提出，对病人实施额叶切除术后，病人的确会变得懒惰，甚至像个孩子一样。然而，这样的结果对于他们的家庭来说仍旧是一件喜事。

针对这一极端不人道的治疗方式，电影《飞越疯人院》和《禁闭岛》都有过深入的描写。1962 年，电影《飞越疯人院》的原著小说问世之后，西方世界曾经掀起一系列反对滥用电击、切除额叶等方式治疗精神病人的运动。此后，各国政府相继出台了法律条文，精神病人的生活才得到改善。

幸福感会遗传吗

在一般人的认识中，有钱的人、身穿名牌的人、整日出入高档会所的人、有机会看外面世界的人，内心一定是幸福的；相反，那些生活拮据、衣不蔽体，或者整日为了果腹之食奔波的人，生活在穷街陋巷的人，一定感受不到幸福的滋味。

按照这样的说法，人们的幸福与否完全和物质水平成正比，享受丰厚物质生活的人才能得到幸福，否则就只能沦为不幸者。实际上，人们的幸福感和物质的丰富程度并不成正比。

那些拥有幸福感的人，并非拥有的财富多，而是要求比别人低。始终感受不到幸福的人，一定是他们对生活的期望太高，以至于生活的现实始终达不到内心的标准。在心理学研究中，心理学家讨论了影响人们幸福感的因素。令人诧异的是，其中最主要的原因竟然是来自遗传。

美国明尼苏达大学的心理学家大卫·里肯和他的同事特里根一起研究了“幸福感会遗传吗”这个课题。他们在明尼苏达州找到2300对双胞胎被试，并且对他们进行了长达十年的跟踪研究。

之所以选择双胞胎作为被试，是因为双胞胎的性格很像，在遗传基因上有很大一部分是两人共享的。如果不同生活境遇的双胞胎同样感受到幸福，或者不同境遇的双胞胎同时感到不幸，就证明幸福感和遗传有一定关系。

这些双胞胎被试年龄在40岁到60岁之间，他们来自社会的各个阶层，经济状况不同，受教育程度也不同。在调查问卷中，里肯对这些被试进行了详细的调查，其中包括日常生活中的感受，对经济、社会、宗教、家庭的看法。

为了进行对比，当几对双胞胎被试只有20岁时，里肯就对他们进行了测验；10年之后，当他们到了30岁，里肯再一次对他们进行了同样的测验，以此来证明生活经历、人生阶段对幸福感的影响。

里肯等人的研究结果显示，家庭收入、社会地位、宗教信仰都不是决定幸福的主要因素。在参与测验的被试中，有几对双胞胎十年来始终感到生活幸福，另外几对则长时间情绪低落，并且受到各种心理疾病的困扰。

针对这一课题，英国爱丁堡大学的研究员蒂姆·贝茨也做了类似的研究。蒂姆·贝茨选择1000对双胞胎进行研究，这些双胞胎的年龄在25岁至75岁之间。实验者会询问他们一系列的问题，包括个性、焦虑程度和对生活的满意度等。

研究结果显示，感到幸福的被试一半取决于人际关系、身体健康和职业，另一半则取决于性格。喜欢社交、情绪稳定的人往往更容易产生幸福感。同时，那些冷静处事、工作活跃的人能够轻松地应对压力，保证幸福感的“储存量”。

对于双胞胎来说，同卵双胞胎具有完全相同的基因构造，因此他们在性格、幸福感上都很相似；相比之下，异卵双胞胎的相似程度只有一半。可见，基因对人的幸福感还是具有一定影响的。

这些心理学家的研究表明，世界上的很多人从一出生就决定了生活的幸福水平。这也可以解释，为什么高智商的人能够顺利地成为社会中的精英，如医生、律师或者企业主，但是并非所有人都感到幸福。相反，那些流浪者、单身汉或者目不识丁的人同样能生活快乐。也许，天赋智慧可以让一个人取得不俗的专业成绩和社会地位，但是这些却不一定能带来快乐的心情。

一项社会调查显示，在北美洲，那些每月收入超过 16000 美元的中产阶级，即使再多赚一点也不会感到更快乐。但对于低于这个水平的人来说，每多赚一点就会多快乐一分。研究者说，好像每个人的身体里都有一个感受幸福的标线，对生活的满意度永远不会超过这个标线。人们之所以努力工作，追求人生的价值，实际上就是使幸福感不要低于这个标线。

心灵视窗

你是“左脑人”还是“右脑人”

众多周知，人脑分左右，左右互相联系，又各司其职。大脑左半球擅长抽象思维，以分析、推理见长，严格按照逻辑顺序工作。因此，左半球控制人的语言和理性。相反，大脑的右半球则擅长形象思维，掌管人的创造性和直觉。因此，右半球会产生艺术创造、音乐作品和美术。

对于社会大众而言，那些整天奔波于工作、为了追求事业成功而忽略生活娱乐的人，属于纯粹的“左脑人”。实验证明，“左脑人”能够体验到成功的快感，却无法享受到幸福感，因此，即使他们在事业上取得非凡的成绩，也不容易得到快乐。相反，“右脑人”善于直觉和感受，能够在音乐上、艺术上体会到生活的美感和喜悦。

生物学和神经科学的发展让我们对大脑功能有了更细致的了解，然而，人们并不是从一开始就对大脑的工作模式了如指掌的。人类对于左右脑的认识，还要从美国神经心理学家斯佩里的割裂脑实验说起。

20 世纪 50 年代，斯佩里对割裂脑病人进行了系统的研究。斯佩里设计了一个测试装置，用来检测病人的脑功能变化。测试装置有左右两个屏幕，左边呈现的文字会进入左侧视野，右边呈现的文字则进入右侧视野，互相之间没有干扰。

实验结果表明，当实验者在右侧屏幕上呈现单词“苹果”后，割裂脑病人能够读出单词，并且用右手写出；若在左侧屏幕上呈现单词“苹果”，病人就无法读出，只是报告说“看到了一个闪光”。奇怪的是，病人却可以在装有各种物品的袋子中找到苹果这一物品。

斯佩里在进一步的实验中发现，当要求割裂脑病人分别用左手和右手照着实物画图时，即使病人原本是右利手，他左手画出来的图也比右手更接近实物。

一系列的实验证实，大脑的左半球在语言方面占据优势，右半球则在感受形状、立体空间方面占据优势。当左右脑之间的连接——胼胝体被切断之后，虽然左右脑依旧可以工作，却表现出完全不同的两种意识。

习惯上，大多数人都喜欢用右手完成重要的工作，由于大脑和身体行动的交叉作用，于是左脑成为人们积累知识和经验的重要区域，为此左脑就要负荷更多的工作。这时，习惯使用左手的“左撇子”就能够充分发挥右脑的功能，调节生活的压力。

所谓“左撇子”，就是左利手的人，在处理生活事务时，使用左手更方便、更协调。可是，生活中的“左撇子”又总是在右利手的人堆里显得出格，尤其是吃饭的时候，围坐在一起的人，只要有一个人是用左手吃饭的，就可能和身边的人出现“筷子打架”的状况。不过，也有人说“左撇子”比右利手的人更聪明。

在智商上，并没有数据证明左利手的人比右利手的人更聪明。不过，在人类整体倾向于左脑发达的情况下，“左撇子”似乎弥补了这种失衡的现象。有人说，左利手的人在水下的视觉调节能力比较强；也有人说，左利手的青春期比右利手的人晚。也有好奇心强的人发现，人类中少数的左撇子常常在社会中发挥巨大的能量，比如微软联合创始人比尔·盖茨，比如“马里奥之父”宫本茂，又比如20世纪末美国的多任总统。

在左利手和右利手之间，还有一个有趣的现象：当人在无意识状态下作画时，如果恰好画的是人的侧面像，那么左利手画出来的人物面朝右，右利手画出来的面朝左；如果在打个叉之后再画个圈，左利手会逆时针行笔，右利手则恰恰相反。不信的话，你可以找个朋友，亲自验证一下！

心理学家

神经心理学第一人——鲁利亚

亚历山大·鲁利亚，1902 年出生于苏联喀山的一个医生家庭。鲁利亚的父亲是一位犹太医生，同时在大学任教。

少年时期，鲁利亚就表现出心理学研究的特殊才能。他建立了一个精神分析小组，并且创办了刊物，宣传心理学的理论。进入喀山大学社会系后，鲁利亚学习了多门语言，并且能够阅读外国的心理学文献。同时，他开始和当时著名的精神分析学者弗洛伊德通信。

1921 年，鲁利亚从喀山大学毕业后，到莫斯科的心理研究所工作。当时，他在心理学家科尔尼洛夫的领导下，开始研究人的激情状态。在心理研究所，鲁利亚最大的收获就是结识了心理学家维果斯基。在鲁利亚的研究历程中，结识维果斯基成为一个重要的转折点。

可以说，维果斯基是一个天才型的人物，他不仅擅长多门学科，并且随时有新的概念涌现，当他演讲时，甚至可以不用讲稿，滔滔不绝地讲上几个小时。在莫斯科心理研究所工作期间，维果斯基曾经对人的高级心理机能进行了研究，并在 1925 年发表了《意识是行为主义心理学的问题》一文。

1928 年，鲁利亚和维果斯基共同在精神病院进行脑机制的研究。随后，他们还对居住在苏联偏远地区的居民进行了心理特点的比较研究，以此证明高级心理机能不是由遗传来决定的。1931 年，鲁利亚转到哈尔科夫乌克兰精神神经病研究所附属医院继续研究脑机制，并于五年后从莫斯科第一医学院结业，得到医生证书。同年，鲁利亚以论文《激情过程的生理心理学》获得心理学博士学位。

“二战”期间，鲁利亚进入医院，通过护理伤员掌握了一系列脑损伤的伴随症状。其间，他着重研究了脑外伤引起的心理障碍和伤员恢复的问题。在此基础上，他开始探索心理学的一个全新领域——神经心理学的研究。

战后，苏联的心理学界发生了动荡，鲁利亚和维果斯基等人合作的研究受到了严厉的批评，他也失去了神经外科研究所的工作。直到 1953 年，斯大林去世之后，鲁利亚才重新恢复了工作。此时，他放弃了脑损伤研究，开始转入儿童心理学、失语症和其他脑病的研究。

1967 年，鲁利亚在神经心理学方面做出卓越的贡献，获得了罗蒙诺索夫奖一等奖。不久后，鲁利亚晋升为苏联教育科学院院士，并且开始担任国际心理科学联盟的副主席。1977 年，鲁利亚因为心脏衰竭在莫斯科去世，享年 75 岁。

在鲁利亚几十年的心理学研究中，他总是在不同领域之间跳来跳去。当然，有许多选择都是时势使然，并非他本意如此。于是，鲁利亚一生研究了多种不同的对象，其中包括儿童、罪犯、农民、战争中的脑外伤病人和智力落后的人。在人的思维、情绪等方面所做的出色研究使得他毫无疑问地成为苏联杰出的心理学家之一。

鲁利亚在所有研究中都贯穿了他普通心理学的观点。他认为心理过程是一个复杂的机能系统，无法将它集中在某一个特定的细胞或者皮肤上。只有通过不同区域的系统作用，大脑才能完成复杂的心理过程。鲁利亚关于心理机能定位的研究为后来的脑功能理论作了铺垫。

鲁利亚的一生笔耕不辍，一共写了300多部著作，其中有30多部大型专著，包括《创伤性失语症》《战伤后脑机能的恢复》等。生前的最后几年，鲁利亚写了自传《思想的形成——个人对俄国心理学的看法》。

从字面上看，鲁利亚没打算在这本书里介绍一个很有成就的科学家，也没打算介绍他个人的感情倾向，按照鲁利亚的话说："我于伟大的俄国革命之后开始了自己的历程。这个重大事件给我、给我认识的每一个人以决定性的影响。"可见，和他本人的人生故事相比，一个国家的经历似乎对他的影响更大。

第四章

感觉

什么让你看到了鲜艳的花朵，是眼睛吗？什么让你听到了美妙的歌声，是耳朵吗？什么让你感受到妈妈手心的温暖，是手指吗？都不是！让我们体验到世界的是感觉。感觉是人对外界最直接的反应，也是迈入心理学世界大门的第一步。

耽于声色的快乐体验

作为一名画家，乔纳森用绚丽的色彩创作了大量的抽象画。这些画作为他赢得了极大的艺术声誉，也帮助他走入人生最辉煌的艺术生涯。

在他的创作后期，突然有一段时间转变了风格。他不再画颜色鲜艳的作品，反而转向以黑、白为主的创作探索。在外人看来，乔纳森走入一个新鲜、有趣的创作阶段，作品开始呈现出一种色彩上的单纯和整齐。然而，没有人知道，这一改变的根本原因是他失去颜色知觉，变成了色盲。

乔纳森 65 岁时，一次脑损伤伤害到他的视神经。从此以后，他只能看到灰色、黑色和白色。以往那些色彩缤纷的画作，在他眼里全部变成肮脏、混乱的斑点。生活在缺乏色彩的世界里，乔纳森只能吃黑色的橄榄和白色的米饭，于是，他的创作也变成只有黑白两种颜色。

适应了只有黑色和白色的世界后，乔纳森开始创作以黑、白为主的作品。令人意外的是，他的崇拜者并没有因为画风的改变而不再喜欢他的作品，反而为他这一大胆的创新而拍手叫好。

对于乔纳森来说，尽管丧失颜色知觉是一件不幸的事，他却因此打开了艺术世界一扇新的大门。在为了颜色的逝去感到忧伤的同时，他还是选择继续用艺术的方式来描述他所看到的世界。

在我们身边，随时都有许多刺激物。比如，一盆浑身带刺的仙人掌、一杯香甜的卡布奇诺、一阵淡雅清幽的花香，或者是一个儿童柔软的小手。这些事物如同常理般的存在着，却同时被我们看到、尝到、嗅到或者触摸到。而我们知晓刺激存在的机制，就是心理上的感觉。

作为身体上的感受器，眼、耳等器官所产生的神经冲动就成了感觉。感觉让我们从视、听、嗅、味等方面体验到快乐滋味，同时也成为人类生存的一个保护网，如声音的警示让我们逃离危险地带；对舒适感的追求让人类不断寻找适宜生存的环境等。

物质极大丰富之后，随时有各种口味的食物等待我们选择，每条街上都在响着不同风格的流行音乐。这些刺激的存在让人已经习惯耽于声色，享受一种感觉上的满足。于是，人们开始怀疑，如果将身边的这些感觉“剥夺”，人是否还能健康、舒适地生活下去？为此，加拿大的心理学家做了一次“感觉剥夺”的实验。

1954 年，心理学家贝克斯顿、赫伦和斯科特在加拿大蒙特利尔的海勃实验室进行了这次实验。实验的被试全部都是经过招募的大学生志愿者。

为了营造毫无感觉的环境，实验者将被试关在装有隔音装置的房间里，并且给他们戴上半透明的眼镜，以减少视觉刺激。随后，他们又戴上手套，以减少各种触觉刺激的发生。被试的头部垫了一个气泡胶枕，这个胶枕可以有效防止颈椎和床的接触。

实验开始后，被试除了进食和排泄，其余的时间都必须一动不动地躺在床上。这时，被试所处的状态就相当于一个所有感觉都被剥夺的状态。

原本带着“趁机休息一下”或者“思考论文”这种想法的被试，在实验开始后才发现，他们的想法根本没办法实现。在实验后的报告中，有的被试说：“躺在那里，根本什么事情都不能思考，思维总是跳来跳去，无法集中注意力。”

八个小时过去后，有的被试开始吹口哨，有的被试显得烦躁不安，开始自言自语。实验持续几天之后，被试开始出现幻觉。他们会看到没有形状的闪烁，或者听到狗吠声、警钟声，甚至是老鼠行进的声音。实验进行到第四天时，被试无法笔直走路，开始出现反应迟缓、双手发抖的症状。离开实验环境之后，被试需要经过三天以上的时间才能彻底恢复到正常的生活状态。

实验结束后，贝克斯顿等人得出结论：人的身心要想保持在正常的状态下进行工作，就需要不断从外界获得新的刺激。丰富的、多变的环境刺激是有机体生存与发展的必要条件。虽然环境中的刺激有时候让人身心不适，一旦将所有刺激都消除，等同于人类的自杀。

当然，在实验室环境下，感觉剥夺变成一个极端的情况。可以说，任何事情走向极端之后，对人的身心都是有害的。不过，对于有些成瘾的行为来说，如吸烟、过度进食，倒是可以尝试一下感觉剥夺，用这种方式来修正他们的行为。

心理学家认为，对于吸烟者来说，让他们在一个限制吸烟的环境中停留24小时，有助于增强他们的自控能力。在一个戒烟的实验中，实验者要求被试在一个安静的黑屋里躺上24个小时，除了喝水、上厕所，什么都不可以做。当他们躺在床上时，黑屋会通过广播播放一些吸烟有害的新闻。

实验结束后的一个星期，所有被试都不再吸烟。一年之后，仍然有2/3的被试不再吸烟。从这一角度来说，感觉剥夺或许会成为行为成瘾者的一个治疗手段。

视而不见与不视而见

在生活中，人们常常会遇到这样的状况：某个人明明就在眼前，你却丝毫没有察觉；家里的台灯忽然换了颜色，也要家人提醒之后才会发现；每天盯着电脑屏幕看，厚厚的灰尘却始终无法进入意识之中……这种现象被人们形象地称为“视而不见”。

美国哈佛大学心理学教授丹尼尔·西蒙和他的伙伴丹尼尔·莱文共同设计了一个“视而不见”的实验。所有招募来的志愿者都会在实验室入口填一些基本的资料，填完之后交上资料，然后兴致勃勃地走入实验室，期待发生不可思议的事情。

然而，西蒙和莱文不过是请他们做一些普通的实验，因为这次实验的目的并不在此。实验结束后，实验者问被试："在实验室门口，递给你表格的人和接收表格的人，无论在发型、长相还是身材上完全不同，你注意到了吗？"所有的被试都大为惊讶，觉得不可思议，这么明显的变化自己怎么可能一点都没察觉到？当实验者向他们播放实验室门口的录像时，所有人都不禁自问："怎么会发生这种事？"

实验结果表明，75%的被试完全没有察觉到眼前的人变成另外一个。类似的实验还有很多。实验者会在路上随便找个被试问路，问到一半的时候，换另外一个实验者继续询问，结果受试者竟然对此浑然未觉。

所有被试都对自己的反应大为惊诧，主要原因就是人们有一个默认的前提，只要张开眼睛，映入眼帘的所有事物都能被眼睛看见。心理学家的研究则证明，即使眼睛一直盯着某一事物，只要大脑的注意力没有放在眼前的事物上，人们依然会视而不见。

魔术表演正是应用了这一原理。技法华丽的魔术师会想方设法操纵观众的注意力，尽力将魔术关键变化的部位放置在观众视盲的区域。这样一来，虽然观众盯着魔术师的手看，一心想要看透其中的奥秘，却不小心中了魔术师的圈套。

和人们"视而不见"的视盲现象相比，人眼还有另外一种奇特的功能——不视而见。对于许多失明或者患有眼疾的人来说，他们对身边的事物并不能用视力觉察。实验却一再证明，他们能够"看见"眼睛看不见的东西，或者说他们的行为依旧是由视觉引导的。这种"不视而见"的现象被称作"盲视"。

在由荷兰蒂尔堡大学的海尔德教授负责的研究中，证明了盲视的存在。实验中被试是一个完全失去视力的男子，生活中他只能依靠拐杖分辨出路上的障碍物。可是，在海尔德教授的实验中，他能够对看不见的表情做出反应，同时能够在一条摆满各种障碍物的通道上顺利通过，不会碰到任何障碍。

此外，一位名叫唐的眼疾患者也证明了盲视的存在。14 岁时，唐患上了头痛病，多年来的头痛让他左眼的视力变差。20 年后，为了彻底治愈头痛，唐决定接受头部的手术。手术时，医生切掉了他的一部分枕叶皮层。手术后，唐终于不需要忍受头痛了。不过，手术却令他的左眼彻底看不见东西。即使在他的左眼前呈现一个光点，他也无法察觉。

根据以往的经验，心理学家认为，唐虽然看不见左侧视野中的物体，却不一定无法感知。于是，心理学家设计了一系列的实验，来证明他知觉能力的存在。当实验者在他的左侧视野呈现光点时，唐虽然看不见，却能用手准确地指出光点的位置。对于实验者呈现出的直线，他也能猜测出是水平还是竖直的。虽然唐一再声称他的判断全部来自猜测，心理学家依旧认为，他的大脑在利用除视神经之外的多重通道来完成对事物的感觉。

加拿大英属哥伦比亚大学心理学家也针对 40 名被试开展了盲视实验。实验者在电脑屏幕上呈现一些图片，图片的内容非常简单，只是它们停留的时间非常短，仅有 0.25 秒。测试的过程中，实验者会将一张稍小的图片穿插其中，以证明被试盲视能力的存在。

实验结果表明，有 1/3 的被试能够感觉到图片的变化，尽管他们一再声称，根本没看清图片的形状，更无法确定图片到底发生了哪些变化。

实验者得出结论，即使人们的眼睛来不及分清看到了什么或者哪里发生了变动，但是大脑的运作系统却能感知到这种微妙的变化。心理学家说，即使盲视在大脑中的运作过程尚不可知，但是它却解释了许多关于“第六感”的问题。

舌尖上的美味

一部《舌尖上的中国》大肆挑逗了人们的味蕾，一众吃货也开始到处寻找美味，让舌头在美妙的味道世界里畅游。对于食物的最终归属来说，舌头虽然是一个过道，人们依旧无法放弃过道中的短暂享受，想尽办法研究出各种美食，以此来满足舌头的欲望。

人能够品尝到各种食物的味道，最大的功臣就是我们的舌头。对着镜子伸出舌头，会看到舌头上面有许多微小的凸起，这些凸起叫作“舌乳头”。按照形状来分，舌乳头分为四种，分别是丝状乳头、菌状乳头、轮廓乳头和叶状乳头。除了丝状乳头，其他舌乳头上都分布着许多味蕾。正是这些味蕾，让我们感受到甜、酸、苦、咸 4 种主要的味道。

实际上，当我们享用美味的食物时，味觉和嗅觉常常连在一起工作，所以人在感冒的时候才会食之无味。如果你不相信的话，大可做一个这样的测试：拿出一片苹果和一片生土豆片，然后捏住鼻子尝一下，是不是它们之间的差别不见了呢？

有许多学生团体做过实验，如宿舍里的几个人，每个人都将鼻子堵塞起来，然后去吃那些原本闻起来很难吃的食物。结果所有的食物都没有了难闻的味道，有的人甚至觉得比平时好吃。

由此可见，美食之美，似乎不仅仅来自舌头的品尝，鼻子的嗅闻功能也起到了帮衬的作用。美食家和品酒师之所以能够辨别微小而复杂的味道变化，很多时候依靠的也是嗅觉而非味觉。这样就可以解释，为什么一个患有慢性鼻窦炎的人做不了品酒师。试想一下，一个嗅觉不灵敏的人又怎么能分辨各种美味的葡萄酒之间的不同呢？

关于味觉，一直有一个非常有趣的说法，叫作“味觉地图”。所谓“味觉地图”，指的是舌头用不同的区域来感受味道，这些区域各司其职、互不干扰。比如，舌尖负责感受甜味，舌根对苦味比较敏感，舌头的两侧主要负责酸味和咸味。

这个说法流传了几十年，人们已经对它深信不疑。实际上，这不过是传播者对科学文章的误传。舌头上并没有什么味觉分区，传说中的“味觉地图”也不过是一个“美丽的误会”。

其实，一切要从一个尚不明确的科学结论说起。1901 年，一位德国科学家发表了一篇论文，描述了舌头的某些区域对不同味道的灵敏现象。当时，这不过是科学家的观察发现，并没有成为明确的科学结论。可是，文章的发表让更多人了解了这一观点，也让许多人误以为人的舌头就是依靠区域分工来辨别味觉的。后来，一位美国的精神医师将这篇文章翻译成英文，这一结论被继续误传，直到许多人都对此深信不疑。

最近的研究表明，舌头上的味蕾并非“某一领域的专业人士”，而是“精通多门技艺的手艺人”，可以同时分辨多种味道。所以说，根本就没有“味觉地图”这回事。

“声音大爆炸”的时代

回想起2010年的南非世界杯，除了持续爆冷的足球赛事，除了神机妙算的“章鱼哥”，给人最深刻印象的莫过于南非的呜呜祖拉。

作为南非的文化象征，呜呜祖拉代表着南非球迷的热情。于是，自从世界杯开幕后，呜呜祖拉就以其特有的嗡鸣声响彻在每一次比赛的赛场上。可惜，球迷的热情没能帮助球员加油，反而给人家添堵了。整天被呜呜祖拉包围的球员，耳边就像聚集了上万只的苍蝇，“嗡嗡嗡嗡”一直响，挥之不去。对于当地人来说，呜呜祖拉代表了他们的热情，然而对于球员和外国的观众来说，那些像喷头一样持续挥洒的嗡嗡声无异于汽车鸣笛的噪声。

随着呜呜祖拉名扬四海，一些对噪声管控严格的国家已经对它亮出了红牌。阿联酋就立法规定，禁止在公共场所使用呜呜祖拉，其原因就是它动辄100分贝以上的声响足以对人们的听力造成伤害。

说到噪声，噪声是什么？噪声就是混乱、无序的声音。同样是声音，有规律、有节奏的声音成为音乐，无规律、无节奏的声音则成了噪声。当然，对于噪声，人们也有许多主观上的定义，如摇滚乐。摇滚乐迷喜欢摇滚演唱会的酣畅淋漓，而对于摇滚乐的“门外汉”来说，则是“彼之蜜糖，吾之砒霜”。

生活中，我们每天都在经受着噪声的迫害，各种声音模式的出现让人们置身于“声音大爆炸”的时代，一刻都不得宁静。夜晚的汽车鸣笛声成为干扰睡眠的第一大祸首；四周静谧时，一阵闹钟的脆响也会变成惊扰平静的元凶。

《纽约时报》的专栏作家托马斯·弗里德曼说：“这世界又热、又平、又挤。”他从能源、人口和污染这三个角度阐发了自己的观点，唯独忽略了这个变得越来越嘈杂的世界。当越来越大型的喷气式飞机从头顶飞过，马路上排列着越来越多轰隆隆的马达，地铁里拥挤着越来越多的人，人们的双耳仿佛时时刻刻都处在噪声的笼罩之下，随时有濒临失聪的危险——人耳的进化速度已经被各种现代设备远远地甩在后头。1905 年，德国著名细菌学家罗伯特·科赫就曾预言：“早晚有一天，人类为了生存将要与噪声奋斗，犹如对付霍乱和瘟疫那样。”

针对“噪声对人睡眠的影响”这一课题，心理学家曾经选取 8000 名被试进行实验，并且对他们睡眠中的梦境进行了分析。

当被试们安稳地进入睡眠后，实验者会用手机随机播放一些音乐，其中包括田园中的鸟鸣声、马路上的车辆轰鸣声、多人聚在一起的谈话声。被试并不清楚自己将会听到哪种音乐，也不知道不同声音可能造成的影响。

当被试醒来后，实验者会要求被试叙述自己的梦境。结果，和睡眠中没有听到任何声音的被试相比，听到鸟鸣声的人，有 20% 更容易出现消极梦境；听到对话声的人，则有 30% 更容易出现消极梦境；听到汽车马达声的人，则有 30% 更容易出现积极情绪，甚至感到精神抖擞。

心理学家理查德·怀斯曼认为，在梦境中，田园里的鸟鸣声和人与人的对话声被人知觉为噪声，因此使梦境变得更加消极。而轰隆隆的汽车马达声则更像人们熟悉的生活环境，因而能够让被试感到积极，甚至激励他们的情绪。

这个实验为抑郁症患者、存在睡眠障碍的人和经常做噩梦的人提供了帮助。当他们睡觉的时候，可以适当地播放周围一些熟悉的声音，以帮助他们醒来后保持乐观的情绪。可是，从另外一个角度讲，社会的发展让人类的大脑将来自田园的鸟语知觉为噪声，将人与人之间的谈话知觉为噪声，偏偏将真正的噪声知觉为“熟悉的朋友”，这难道不是人类进化中的一大笑话吗?

欧洲早在工业革命之前，环境中的声音除了教堂的钟声，就是自然界中的各种声音。社会工业化开始之后，出现了各种新式的交通工具、各种承载音乐的设备，噪声随之发生。各种声音的汇聚，逼迫人类只能在嘈杂中寻找想要听到的信息。于是，人耳必须习惯频率更高、强度更大的声响，而这些声响对人体都是有害的。

2000 年，世界卫生组织发布报告称，全球已经有 2.5 亿人遭遇听力问题，其中一半人来自亚洲国家。美国科学促进会也发布了一个令人震惊的数字：截至 2050 年，美国将有 5000 万人听力受损。很显然，这些数字都是“声音大爆炸”所造成的结果。

心灵视窗

享受麻辣的快感

每一年，美国得克萨斯州都会举办一场吃辣椒大赛。比赛规则是，谁能在69秒之内吃掉最多的墨西哥辣椒，谁就会成为大赛的冠军。面对火红的辣椒，虽然明知放进嘴里会是一阵长久的、又热又辣的灼烧感，不少参赛者依旧一把一把地把辣椒往嘴里送，即使吃得鼻涕一把泪一把，依旧没有人愿意放弃。

吃辣椒大赛每年所用的辣椒，都是世界上最辣的辣椒——墨西哥辣椒。比赛虽然非常残酷，参赛者的表情也非常痛苦，但是没有人能够削弱他们挑战极限体验的热情。吃辣椒大赛经常露天举行，于是参赛者就只能站在太阳底下，一边被毒辣的太阳晒得头晕，一边被辣椒辣得头皮发麻。

2008年，美国吃辣椒大赛的冠军由一位来自墨西哥的出租车司机奎洛兹获得。当时，55岁的奎洛兹说："我最大的兴趣就是吃墨西哥辣椒。我可以吃任何种类的辣椒，生的、熟的都没问题。"在比赛规定的69秒时间里，他一共吃掉了21根辣椒，顺利地战胜了对手，并且赢得了500美元的奖金。

在中国，虽然没有举办美国那样的吃辣椒大赛，但是吃辣似乎已经成为一种饮食界的时尚。只要看看街道两边的川菜馆、湘菜馆以及各个酒家推出的辣子鸡、水煮肉片和剁椒鱼头等菜谱，就可以猜测出人们对于辣椒的偏爱。

细数辣椒在中国的培育历史可以发现，如果时间倒回去500年，中国人尚且不知道辣椒这种植物是何滋味。其原因在于，辣椒并非中国本土生长的植物。欧洲人也是到了15世纪，通过长途的海上航行，才从美洲的热带雨林中发现了这种神奇的植物。这也可以解释，为什么中国著名的医书《本草纲目》没有任何关于辣椒的记载，那时李时珍尚且不知道辣椒为何物。

辣椒这种食物，有的人吃了上瘾，有的人吃过之后却常有身体不适。不过，大多数人依然无法抵御辣椒的诱惑，频频让自己的嘴唇、舌头和肠胃享受麻辣的快感。然而，你是否想过这种火烧火燎般的辣滋味其实并不是一种味觉，而是一种强烈的痛觉。

当我们吃水煮鱼或者剁椒鱼头时，常常会不小心咬到一根火红的朝天椒。此时，舌尖好像被针刺到一般，火辣辣的感觉直冲上头来，原本麻香、美味的食品也变成一种引起强烈痛感的刺激物。人们不禁提出疑问，在味觉的世界里，怎么会出现疼痛的身影呢?

前文已经提过，人的舌头上分布着许多味蕾，我们感受到的各种味觉都是通过味蕾实现的。实际上，和味蕾相连的还有一根感受伤害性疼痛的纤维。当辣椒里的辣椒素刺激味蕾时，会同时刺激那根纤维，这时“疼痛感受器”比“味觉感受器”表现得更为活跃。因此，我们感受到的是一种疼痛的感觉。

同样是辣椒，为什么有人吃起来就上瘾，还每每大赞过瘾，有的人吃上几口就引起身体的不适，甚至上吐下泻？这是由人们舌头上的味蕾数量决定的。味蕾细胞多的人，“疼痛感受器”也多，这些人对于同等辣度的食物就会比味蕾细胞少的人感受更强烈，因此无法忍受辣味带来的疼痛。

那么，是什么决定了舌头上的味蕾细胞数量呢？实验表明，这一差异完全来自遗传。相较于男性，女性的味蕾细胞更多，更容易产生令人感觉不适的痛感。在人类进化的过程中，始终由女性来哺育下一代，于是这样的生理条件要求她们的舌头要对于辣味、苦味有奇特的敏感性，从而有效地避免后代因为食物中毒而失去存活的机会。

既然每个人对辣这种疼痛的承受能力不同，由此推知，湖北、湖南和四川地区的人一定比其他地方的人拥有更少的味蕾细胞，所以他们才如此喜食辣味浓重的食物。有人说，人们选择吃辣，是因为辣椒能够加速人的血液循环、祛湿御寒。也有人说，辣椒能够促进脂肪分解，从而起到降血脂的作用。

然而，科学家发现，除了人类，其他哺乳动物都对辣椒避之唯恐不及。从社会学的角度来看，与其说喜吃辣椒的人是为了身体健康，不如说他们在体验一种极端的感官刺激。人们总是容易对那些对神经具有刺激性的东西成瘾，于是辣椒就成了各地吃货的最爱。

心理学家

因为哭泣而悲伤——詹姆斯

威廉·詹姆斯，1842 年出生在美国纽约市，是家中五个孩子中的长子。詹姆斯的祖父是移民美国的爱尔兰商人，通过投资开发伊利运河而成为富豪，因此直到孙子一代，詹姆斯一家依然过着富裕的生活。

詹姆斯的父亲是一名哲学家和神学家，由于讨厌当时美国狭隘的教育制度，经常鼓励孩子们进行批判性讨论，注重培养他们的独立精神。他还经常带着子女到欧洲学习。于是，詹姆斯在接受过纽约私立学校的启蒙教育之后，便随着家人畅游欧洲各国，分别在瑞士、法国、英国接受教育。

多年的国外生活经历造就了詹姆斯丰富的童年生活，也帮助他熟练掌握了五门外语。由于早年的詹姆斯爱好画画，便于 1858 年回到美国，跟随拉斐尔前派画家亨特学习绘画。不过，詹姆斯的父亲一心想要子女学习自然科学，反对他们从事和艺术相关的工作，于是在詹姆斯学习绘画一年之后，他就带着全家迁往瑞士，希望使詹姆斯对绘画的热情降下来。在日内瓦，他还要求詹姆斯进入日内瓦科学研究院学习科学。不过，由于对绘画的喜爱，不久后詹姆斯便重回美国继续学画。直到他发现自己缺乏成为画家的天分，才最终放弃。

1861年，19岁的詹姆斯听从父亲的建议，进入哈佛大学劳伦斯理学院攻读化学，后改学解剖学和生理学。三年后，詹姆斯家开始败落，生活变得拮据起来，于是詹姆斯转入哈佛医学院学医。在跟随老师阿加西斯外出考察的过程中，詹姆斯患上了天花，不得不中断学医的过程。

随后，詹姆斯前往德国留学，在冯特、赫尔姆霍茨的指导下学习医学、生理学和心理学。因为身体衰弱，无法应付实验室的工作，他将大部分时间都用来阅读欧洲的文学名著，或者到其他大学去听课。

詹姆斯完成学业后，于1869年获得医学博士学位。可惜由于受到德国决定论哲学思想的影响，詹姆斯的情绪走入悲观、消极的死胡同，最终患上了抑郁症。多年来，他一直依靠《圣经》来维持坚强的意志。

1872年，詹姆斯开始在哈佛大学讲授解剖学和生理学，并逐渐转向心理学研究。三年后，詹姆斯在美国开设了第一个心理学课程——生理学与心理学的关系。同时，他还设立了一个心理学实验室，供教学演示之用。

算起来，詹姆斯的实验室比冯特于1879年设立的实验室早了四年，可以说是心理学史上最早的心理实验室。不过，由于他的实验室只用来配合教学，没有从事过严谨的心理学研究，因此未曾引起人们的注意，当然也没办法在心理学史上留下一席之地。

1876年，詹姆斯升任哈佛大学生理学副教授。两年后，36岁的詹姆斯和爱丽丝·吉本斯结婚，婚后育有五个孩子。吉本斯是一个小学教师，同时也是一个小有成就的钢琴家，她非常欣赏詹姆斯的才华，并且能够理解他情绪上的反复无常。后来，吉本斯成为詹姆斯最忠实的生活伴侣和好帮手。

1884 年，时任哈佛大学哲学系副教授的詹姆斯提出一个特殊的情绪理论，这一理论颠覆了人们对于情绪的一般理解，也给当时的心理学界提供了一个崭新的思路。通常情况下，人们认为一个人产生某种情绪，之后才会做出某种行为，或者产生某种生理上的变化。比如，遭遇亲人离世，肯定会感到非常悲伤，继而开始哭泣；在野外遇到一只老虎，一定是吓得浑身颤抖，继而夺路奔跑。詹姆斯认为，情绪是大脑对身体变化产生的感觉，而不是内心产生某种情绪，身体才做出某种行为，简言之——人们是因为哭泣而悲伤，而不是因为悲伤而哭泣。

这一理论的提出并非来自实验室的证明，而是来自詹姆斯的内省观察，当时的心理学家对此感到诧异，却没有人愿意相信。虽然詹姆斯的情绪理论没有站得住脚的生理学和实验证明，却引发了许多后来学者的研究。

100 多年过去了，后人不断地设计实验，对这一理论提出了许多支持，也出现了许多批评。不过，始终不变的是，关于生理变化和情绪之间关系的原理不断得到印证。相对于詹姆斯的“生理变化导致情绪的发生”，后人更倾向于认为，情绪与人的生理变化并非单方向联系，而是相互作用的。

1890 年，詹姆斯出版了两卷著作《心理学原理》。这本书几乎囊括了 19 世纪心理学的所有研究，同时也表达了他本人的心理学思想。他在书中列举了诸多心理学研究的方面，如大脑的功能、习惯、自我意识、注意、记忆、感觉、知觉、本能、情绪、意志等。后来的所有心理学研究，几乎都是在这个范畴内进行的。《心理学原理》出版两年后，詹姆斯将此书改写为《心理学简编》。多年来，此书在美国一直被当作大学心理学标准课本。

《心理学原理》出版后，詹姆斯觉得自己再无其他东西可以贡献给心理学，于是将兴趣转向哲学。此后的大部分时间，詹姆斯都在悉心研究哲学，他尤其对宗教心理学感兴趣。1902 年，詹姆斯出版了《宗教经验种种》，后期还写作了几本宗教著作，如《实用主义》《多元的宇宙》《真理的意义》等。

1898 年，詹姆斯花了 13 个小时登上了阿第伦达克山，严重的体力透支让他的心脏受损。从此以后，他的身体状况越来越糟糕。1910 年，詹姆斯完成了生命中的最后一次欧洲旅行，两天后在家中去世，享年 68 岁。

作为美国心灵学研究会的创立者，詹姆斯一生都在研究个人的心理现象，并为未来的心理学研究提供了完整的框架。学识太过宽泛导致他无法将自己封闭在一个统一的思想体系之内，因此他的许多理论和观点都显得自相矛盾。

由于同样的原因，詹姆斯的理论并未形成任何学派，也没有培养研究生，更没有坚定的追随者。令人吃惊的是，随着心理学的不断发展，詹姆斯的大部分思想却成为主流心理学的一部分，尤其是在美国。只能说，詹姆斯太具前瞻性，和他处于同时代的人无法理解，只能通过时间的力量不断证明。

第五章

知觉

你摸到了一个圆圆的东西，感觉告诉你，“这个是东西，圆圆的，表面很光滑”；知觉则会告诉你，那是一个苹果。你看到了一幅颜色绚丽的画，感觉告诉你，“有绿色的、黄色的、黑色的，各种颜色堆砌着”；知觉则会告诉你，那是名画《向日葵》。知觉就像是感觉的翻译，将感觉到的声、光、电变成有意义的物品，我们的世界也从此丰富起来。

肯基的知觉世界

肯基，非洲土著人，成长于赤道附近一个名叫俾格米的部落。从他出生开始就一直生活在茂密的热带丛林中，从未接触过西方社会的文化，也不知道自己和外面世界的不同。独特的成长经历培养了肯基看待事物时的不同视角。有时候，在我们看来稀松平常的事，对他来说却是一个意外的惊喜。

20世纪60年代，当人类学家科林·托恩布尔来到俾格米，准备研究这里的非洲土著时，他找到了肯基，并且邀请他乘车与研究队伍一同穿过草原。

开阔的草原上生长着上百头野牛，它们有的在低着头吃草，有的在互相追逐、嬉戏。面对这一场面，肯基突然觉得疑惑起来，他问托恩布尔："它们是哪一种昆虫？"托恩布尔回答说："这是比你见识过的所有牛都要大的一种野牛。"

由于车辆行驶在牛群的远处，野牛看起来就像是远方天空上的一个黑点。这一现象造成了肯基的巨大困惑。即使托恩布尔告诉他真相，他依旧坐在那里自言自语，试图将那些"黑点"和他熟悉的昆虫做对比。

过了一会儿，他们的汽车行驶到牛群附近，野牛也从一个个黑点变得越来越大。这时，一向以勇敢、善战著称的肯基突然靠近托恩布尔，并且嘴里叨咕着咒语一类的话。直到汽车停在野牛身边，肯基终于看到“黑点”的真面目，他才彻底地松了一口气。不过，他也产生了新的疑问：“为什么刚才看起来那么小，现在看起来这么大，难道它们会使用神奇的魔术？”

在解答肯基的疑惑之前，我们先来做一个简单的演示：将你的右手放在尽可能远离身体的地方；让手慢慢靠近脸孔，直到手掌占据你的整个脸孔。

在这个演示中，你感觉到你的手好像从原本的大小变得越来越大，到最后它覆盖了你的整个视野。这样的疑惑和肯基面对的问题是不是有点相似呢？可是所有人都知道，即使感觉上手掌在变大，它依旧是原来的大小。并没有什么神奇的魔法，也没有幽灵在作怪，这一切只不过是感觉和知觉的不同罢了。肯基的问题在于，他尚未分清感觉和知觉之间的区别。

人的感觉总是依赖看到的、听到的事物来下结论，这样难免会造成许多错误，如肯基那样。于是，大脑在进化中形成一个知觉系统，用来纠正感觉可能出现的错误。当你的手离眼睛越来越近时，视网膜上的成像就会越来越大，感觉上手好像变大了一样，然后知觉系统就会发出指令，告诉你，那只不过是视网膜上的像在发生变化，手的实际大小并没有改变。

为什么肯基会对如此常识性的问题产生疑问呢？其原因在于，肯基从小生活在原始森林里，他没有形成社会化的行为反射，也没有先验的知识来解释眼前看到的一切。眼睛看到的事物，他就认为是事物的真实面貌。我们之所以不会犯肯基的错误，原因在于我们头脑中的知觉加工系统。

相信在“感觉”一章你已经了解，周围的世界充满各种各样的刺激物，人类和世界互动的第一途径就是感觉，即用眼、耳、口、鼻等器官来感觉周围的刺激。可是，有时候仅仅凭借感觉是不够的，还需要一个将感觉深加工的过程——知觉。

人眼能够看到眼前的一片白色，知觉会告诉你，那是一片白茫茫的雪地；耳朵能够听到天空中的一阵轰鸣，知觉会告诉你，那是云层中的雷声；鼻子能够嗅到一阵难闻的气味，知觉会告诉你，那是臭豆腐的味道。

对于人类来说，纯粹的感觉不会产生任何意义，无论是光波、声波还是各种颜色。只有大脑将这些感觉和具体的事物联系到一起，感觉才能为我们提供信息。因此，人类从婴儿阶段便开始建立知觉系统，以至于我们和所有事物的接触都变成了知觉。

当然，外界环境随时都在发生变化，人类的知觉也无法保持一成不变。知觉会随着所处环境的不同发生改变，以使人的行为能够适应环境，减少痛苦的发生。从人类进化的角度来看，这一改变也相当必要，否则人类又凭借什么走到今天呢？

心理学家曾经用倒视实验来证明环境变化与知觉之间的关系。实验中，实验者要求被试戴上一种特殊的眼镜。被试在眼镜中看到的世界是上下颠倒、左右相反的。一开始，戴着眼镜的被试连走路、吃饭、拉门把手这种简单的事都无法完成。他们报告称，在颠倒的世界里，他们感觉世界在剧烈地晃动，同时感到头痛和头晕。

几天之后，被试开始适应这种倒视，并且能够完成日常生活中的简单活动。随着实验的进行，尽管被试眼中的世界依旧是颠倒的，但他们已经学会许多日常的活动，原本颠倒的世界也变得正常。在后续实验中，被试能够戴着倒视眼镜开汽车，有一个人甚至可以戴着倒视眼镜开飞机。

实验证明，人们的知觉完全有能力和新的视觉世界进行互动，从而调整原本的知觉习惯。这一点，对于人类快速适应环境至关重要。对于从事特殊工作的人来说，如职业潜水员，要适应一个大小、距离、曲直都发生扭曲的世界，完全依赖于知觉学习去应付。

艺术的模糊性

我们知道，人体的感觉能够将环境中的物理刺激转化为大脑愿意接受的形式，如眼睛将电磁波转变为颜色，耳朵将声波转变为声音。但这只是我们感知世界的第一步而已，大脑处理环境刺激的过程永远要比我们想象的复杂。正因如此，即使是能够将感觉进行辨认、识别的知觉，有时也难免犯下错误。

在日常生活中，当我们质疑某一件事时，常常会说“耳听为虚，眼见为实”，认为破解谣言的方式就是亲眼所见。可是，你是否考虑过，在某些情况下，即使眼睛见到的也不一定是真的，或者说你的眼睛也会骗你呢？

有一位受过良好训练、拥有丰富经验的心理学家叫作理查德。不幸的是，后来理查德的大脑受损，从而改变了他对世界的认知。

总体来说，理查德的大脑中枢并未受到影响，但是整个感觉信息的能力出现了不协调。当几个人同时出现在他的视野时，他只能看到其中的一个。有时候，他还会将一个人看成分裂的，如头部离开了身体。

要将零碎的部分看成一个整体，理查德可能需要一种知觉上的“黏合剂”，就像我们处理拼图一般，将分离的画面拼凑到一起。比如，当被看成碎片的那个人从他眼前走过时，他需要特别提醒自己，才能将零碎的部分拼凑在一起，知觉成一个完整的人。

一旦这种知觉“黏合剂”出现问题，理查德依旧会犯错。比如，人群中穿同一颜色衣服的人会被他的眼睛融合到一起；彼此分离但是颜色相近的东西也会被他看成一个整体，如放在一起的香蕉、梨子、柠檬等。

从理查德的故事中可以推断，我们感觉到的东西往往不是直接呈现出来的，彼此之间构成联系的东西往往需要大脑进行加工，变得完整之后再反映出来。就像拼贴一堆散乱的图案一样，必须先将散乱的部分拼在一起，才能在最后呈现出一个完整的图像。

国画中采用的留白技巧应用的正是这一原理。留白，就是在画作中留出空白。当然，白并非没有，也不是作者的随心之作，而是一种创造意境的方式。就像绘画大师齐白石画虾，他从来没有在虾的旁边画过水，只要在纸上留出几块空白之处，就能直观地表现出虾游在水中。在《招仙图》中，明代画家张灵也是巧妙地应用画面的留白，在空白的画卷上营造出清冷明月的诗境氛围。

在西方画作中，画家则喜欢通过光线、透视等手法让人们将破碎的片段知觉为整体。在西班牙超现实主义绘画大师萨尔瓦多·达利的作品中,《奴隶市场和消失的伏尔泰半身像》则恰到好处地应用了这一原理，显示出艺术的模糊性。

人们倾向于将不完整的图形看成完整的，倾向于将相似的物体组织起来。于是，当人眼看到一个目标时，目标的特征决定了大脑会将注意力放在哪里，同时，个体的期望和预想也会参与其中。于是，知觉的模糊性随之出现。这也解释了人们为什么会被自己的眼睛欺骗。

那么，当我们看到一些由零碎片段组成的图片，或者造成知觉模糊的两歧图形时，大脑又是如何工作的呢？目前人们更倾向于相信这一说法：当人看到一个画面时，大脑会在不同水平上同时加工接收到的视觉信息。不过，学者奥利瓦和舒恩兹的研究证明，不同加工之间是存在一个时间差的。

研究发现，大脑首先处理那些粗略的信息，如画面的大小、整体特征，然后才开始观察画面的边缘和细节。实验证明，对粗略特征的处理只需要 50 毫秒，对细节的记录却需要 100 毫秒。就像一个人站在纽约的中央公园，他首先看到的一定是街边的大楼，而不是走在街上的行人。

戏弄大脑的错觉

生活中有许多产生错觉的地方，心理学上也记录了许多经典的错觉现象，如经典的罗宾杯、网格幻觉、埃冰斯幻觉、伯根道夫环形幻觉等。在这些错觉中，人们总是无法确定知觉的正确性，甚至为映入眼帘中无法解释的现象困惑不已。

在房间里放一面镜子，就会让人觉得房间变大；商场的价签上总是写着 9.9 元、19.9 元或者 99.9 元的诱人价格。细想之下，任何人都会想到它们和 10 元、20 元、100 元没有差别，不过人们依然会感觉这样的价格非常便宜。

之前热映的电影《霍比特人》不禁让人想起《指环王》三部曲。当年看电影的时候，很多人都会疑惑，为什么电影中的霍比特人看起来会矮很多？是不是用了电脑特效？当然，在这个电影系列中，电脑特效的作用非常强大。但是，导演更是聪明地利用了心理学中的“艾姆斯小屋”原理。

“艾姆斯小屋”，又叫作“艾姆斯房间错觉”。根据知觉的大小恒常性，我们知道，图像的背景为观察者提供了画面的深度，如果去掉背景，图像就没有了立体感，也就不会产生错觉。于是，艾姆斯就提供了一个错误的背景，造成两个相同身高的人一个显得非常高大、一个显得非常矮小。

仔细观察你会发现，“艾姆斯小屋”的后墙并没有与观察者平行，而是斜的。由于人眼从固定的窥孔观察房间，房间里左边高、右边低的实际情况不会被发现。因此，这个普通的房间就会让观察者产生一个人像孩子一样矮小、一个人已经和天花板一般高的错觉。

在各种经典的错觉中，庞佐也是最常见的一种。提到庞佐错觉，你可能会一时间不知所云，但如果提到《两小儿辩日》的故事，你一定就知道是怎么回事了。

古代有两个小孩。一个小孩认为早晨的时候离太阳近，因为那时的太阳最大。另一个小孩认为正午时候离太阳近，因为那时的太阳最热。这样的难题，连孔子也“不能决”了。

实际上，不仅仅是太阳，月亮或者星星在地平线上看起来也会比在天空中亮一点。一个合理的解释就是庞佐错觉。因为地平线附近有许多作为对比的事物，如高山、房屋、树木等。这样对比起来，人们就会觉得太阳大了许多。

下面，让我们回到《霍比特人》和《指环王》的特效上面，来看一看身材高大的甘道夫和如孩童一般高的弗罗多是怎样神奇地出现在同一个画面上的。最常用的方法就是从更远的距离拍摄弗罗多等矮小的角色，从近景处拍摄甘道夫等身材高大的角色。

此外，在《指环王》中，导演曾经为了拍摄霍比特人的小屋，制作了两套背景一致而大小不一的房间。在小一点的房间里拍摄甘道夫，在大一点的房间里拍摄霍比特人。由于房间布置一模一样，只要通过后期剪接，一个如天花板高的巨人和一个矮小的霍比特人就出现在同一个画面里。

至于记忆错觉，我们可以用发生在美国政治家希拉里·克林顿身上的故事来解释。

2008 年，忙于总统候选人竞选的希拉里在一次演讲中提到 12 年前访问某个国家的经历。她回忆说，那天当她走下飞机时，并未看到任何的欢迎仪式，相反，她听到了远处此起彼伏的枪声。

第二天，《华盛顿邮报》刊登了一张希拉里12年前的照片。照片上的希拉里正在亲吻一个站在这个国家欢迎队伍中的小女孩。随后，各家报纸、杂志都开始回顾当时的情况，结果证明，当年希拉里访问某个国家时，并没有任何事实显示她可能受到安全威胁。

这一细节上的失误成为希拉里冲击总统候选人的绊脚石。当时，有人评论说，她是个谎话张口就来的“大话王”，有人则怀疑希拉里陷入神经错乱。实际上，比较中肯的解释是，希拉里不过是受到记忆错觉的干扰，无法正确还原12年前的准确信息。

魔术师是骗子吗

虎年春晚，来自台湾的魔术师刘谦再次展现了其高超的魔术技巧。伴着刘谦精妙绝伦的表演，电视机前的亿万观众和他一起见证了“奇迹”的发生。

常言道，“树大招风”。可能是因为刘谦的名气太盛，引人忌妒，也可能因为观众的好奇心太强，仅仅几个小时过后，各种揭秘的帖子就出现在各大网络论坛和贴吧。

当魔术在年轻人中流行开来，甚至成为大家休闲娱乐的一个途径时，人们不禁要问，魔术真的是骗人的吗？所有魔术师都是骗子吗？

作为职业魔术师的刘谦，曾经到北京电影学院做过一次名为《骗人的表演艺术》的演讲。演讲结束后，有媒体问他："演讲的名字为什么叫作《骗人的表演艺术》？"刘谦坦言："实际上，魔术师和电影演员都算得上骗子，因为他们都在努力让观众相信，呈现在眼前的角色或者表演是真的。所谓的'演技'，就是一种骗人的艺术。"

既然魔术师本人已经承认，魔术本身是一种欺骗，作为观众的我们也不得不承认这一事实。不过，相较于以诈取钱财为目的的骗子，魔术师只不过是用一种障眼的技术营造一种知觉上的假象。

魔术表演的过程更像一个互惠的过程，魔术师完成了技巧展示，观众也得到了娱乐。反观那些在网络上截取图片、画道具结构图的解密者，难道他们不是因为感兴趣才去研究，才想要知道魔术到底是怎样进行的吗？

而且，世界上所有的魔术，尤其是那些神奇的、无法破解的魔术，魔术师都巧妙地利用了心理学的规律，其中包括误导、暗示、错觉等心理现象。一些经典的魔术至今无人能解，可见表演者的技法独特、用心良苦。

1976年，魔术师大卫·巴格拉斯表演了一场神奇的魔术。几十年来，其神秘的手法至今无人能够破解，因此人们将这个魔术称为"巴格拉斯效果"。魔术师本人对这一技术的保密使得有人怀疑这个神奇的魔术并不存在，甚至有人认为这是一个谣言、一个错误报道，或者是一个精心策划的骗局。

由于年代久远和当时的技术问题，巴格拉斯当年的表演并未被录制下来，后世的人们只能通过表演流程来猜测其中的奥秘。实际上，这个魔术的道具非常简单——一副扑克牌，表演过程也很简洁，是魔术史上操作最少且产生神奇效果的魔术。

不过，这个魔术必须遵循四个非常严格的标准：一是表演前需要展示扑克牌，证明没有重复的牌存在。二是由现场的一名观众来任意说一张牌，如梅花J；当然，这个观众并不是托儿。三是由另外一名观众任意说一个数字，从1到52之间，任何一个都可以，如22；同样的前提，这个人也不是托儿。最后，魔术师会邀请第三名观众来数牌，结果真的在第22张牌的位置找到了梅花J。整个表演过程的重要环节是，表演者不会接触牌。

当然，如此神奇的技法令人拍案叫绝的同时，也引来了众多的质疑声。有人认为现场用的扑克牌是魔术师事先排好顺序的，有人则夸张地认为，全场的观众都是魔术师找来的托儿。巴格拉斯一开始选择了沉默，后来他决定用行动反击。当质疑他的人看过现场的表演之后，一系列质疑声也随之消失。此后，除了惊诧，再也没有人怀疑表演的真实性。

如今，能达到"巴格拉斯效果"的魔术只有两段视频，一段来自刘谦的表演，另一段由美国电视台录制。相比之下，美国的那段更接近原版的效果，因为刘谦在表演过程中切换了几次扑克牌。

尽管巴格拉斯拒绝公开魔术背后的秘密，我们也能猜到，这个效果的原理一定来自心理学。表演者会通过暗示性的语言或者动作，诱导观众选择表演者想要展示的牌。

在"感觉"一章中，我们曾经提过心理学家丹尼尔·西蒙设计的那场“视而不见”的实验。实际上，西蒙除了将实验搬到实验室门口，还在一段篮球视频中加入“猛料”。

实验者邀请被试观看一段篮球比赛的视频。被试的任务是计算其中三人的传球数。当然，实验者的真实目的并非如此。在视频中段，一位打扮成大猩猩的演员出现在篮球场的正中央，他停留了片刻，并且做出一个捶胸脯的动作后才离开。视频观看结束后，实验者对被试进行统计，结果发现有一半的被试没有发现大猩猩出现在视频中。

由此，心理学家认为，人们在全神贯注地注意一个目标时，就会自动忽视目标周围的环境，从而为注意目标节省资源，结果就出现了“视而不见”的现象。魔术师正是利用知觉注意的这一特点来“欺骗”观众的。

如果你有兴趣重新找到刘谦或者其他魔术师的表演视频，仔细观察一番就会发现，在整个表演过程中，魔术师都在不停地说话或者做动作。他一边营造轻松的氛围，一边降低观众的防备心理，动作和语言成为新的刺激，如手指活动、一个好玩的笑话，从而将观众的注意力吸引到别处，此时他的魔术动作就能够悄无声息地完成。

除此之外，魔术师也喜欢利用暗示来左右观众的选择。在扑克牌魔术开始之前，魔术师都习惯向观众展示一套新的扑克牌，以证明自己并没有作弊。接着，魔术师会对任意一位观众说：“请随便选一张牌，记住它，但是不要告诉我。”

于是，观众就真的根据自由意志选择了一张牌。实际上，大多数观众都会选择魔术师准备展示的那张牌，因为它在刚才的展示中已经出现十次以上。而观众认为的“自由意志”，不过是不知不觉中受到暗示作用影响的结果罢了。

心灵视窗

接住飞来的球

坐在行驶的高铁上，一个小朋友问妈妈："为什么马路上的人那么小呀？"妈妈沉默了一会儿，解释说："因为你在车上，他们在地上啊。"小朋友似懂非懂地点点头，"哦"了一声。

如果同样的问题问你，你会怎样解释呢？

为什么我们明明看到高铁下面的人那么小，却没有把他们看成小矮人，依然认为他们和我们一样高呢？同理，为什么天上的飞机像一只麻雀一样大，远处的高山像小土坡一样小，我们却从来没有真的将它们看成麻雀或者小土坡？是我们的大脑出了问题，还是视网膜影响了我们了解真相呢？

实际上，这不过是人类知觉事物的一个规律，叫作"知觉的恒常性"。当外界环境发生变化时，我们的知觉能够保持事物的稳定性，这叫作"恒常"。比如，翻看一本书，打开一扇门，无论怎样运动，我们都知道书本和门是长方形的，不会因为运动而变形。

同样，我们的感觉里有一个"近大远小"的规律，就像肯基看到的"小虫子"一样，当野牛离人们的眼睛很远时，感觉上变成了昆虫，但是有知觉经验的大脑清楚，"那不过是站在远方的野牛"。当人们靠近牛群，发现一头成年野牛拥有超过一个成年男子的身高时，也不会将其视作庞然怪物。

此外，知觉的恒常性还包括明暗恒常、颜色恒常等。在阳光下的煤炭会反射光芒，看起来非常明亮，甚至比月光下的白墙还要亮，人们却不会因此觉得煤炭比墙白。红色的物体在黑暗的环境下趋近暗红色，在明亮的地方则显得鲜红，人眼的感觉会发生变化，知觉却永远知道，红色并没有受到光线的影响。

对大小恒常性最极限的挑战莫过于棒球赛场上的接球手。当击球手挥舞球棒，将棒球击打到空中时，接球手都会迅速启动身体，沿着棒球滑行的方向追赶，然后在恰当的时间、恰当的位置将球接到手里。

心理学家一直认为这是一件非常困难的事，可是，即使球的位置一直在改变，接球手依然能够准确追赶飞出去的球，最终将球接在手里。在这一过程中，视觉提供了哪些积极的线索呢？大小恒常起到哪些作用呢？

心理学家研究了接球手的工作模式，结果引发出两种不同观点的讨论。一批心理学家认为，由于接球手知道，即使球飞入空中，球的大小并没有发生变化，因此接球手可以忽略掉这一因素，在跑动过程中将更多注意资源用来确定球的垂直速度方向，并根据这一经验判断落点；另一批心理学家则认为，跑动中的接球手依靠环境背景以保持恒定的路径。

为了验证哪种说法正确，心理学家采用最简单，也是最典型的方法：发射一个飞行的球，然后对接球手跑动和接球的过程进行录像，最后用计算机分析每个阶段之间的函数关系。听起来，这一验证的过程远比亲自上阵，跑上几百米，接住一个球来得复杂，事实也的确如此。

研究发现，大部分的接球手都能够跑到正确位置，然后减速或者停下来。当球接近手套时，接球手需要考虑的就不仅仅是接球的过程，他还要在跑垒者得分之前，将球扔回场内。可以说，接球手工作的过程中，一边用知觉来处理飞行中的球，一边还要考虑环境中的重要信息。

心理学家

新行为主义的代表——斯金纳

1904年，伯尔赫斯·弗雷德里克·斯金纳出生于宾夕法尼亚州东北部的一个小镇。他的父亲威廉·斯金纳是一名律师，母亲叫作格蕾丝·斯金纳。

斯金纳从小就喜欢制作各种小玩意儿。15岁时，他和同伴乘坐独木舟顺流而下，漂流到300英里远的地方。他还曾将一台废弃的锅炉改造成蒸汽炮，结果作为炮弹的土豆和萝卜被他射到了邻居的屋顶上。此外，他还尝试过制作简易滑翔机。

斯金纳的这一爱好跟随了他一生，当他成为行为主义心理学家后，则致力于发明、改造许多实验装置。利用这些装置，斯金纳完成了人生中许多经典的心理学实验。

在纽约读完中学后，18岁的斯金纳进入汉密尔顿学院主修英国文学。当时，他最大的愿望是成为一名作家，专业从事写作。由于对动物和人类的行为也比较感兴趣，于是他选修了生物学、胚胎学和猫体解剖。

在生物学教授的指导下，斯金纳阅读了许多有关心理学的经典著作，如巴甫洛夫的《条件反射》、华生的《行为主义》和洛布的《脑生理学和比较心理学》。这些著作对他日后的发展产生了重要的影响。不过，此时一心想要成为作家的他还没有丝毫察觉。

从汉密尔顿学院毕业之后，斯金纳在父母的家里待了一年，试图创作出一部小说，正式开始他的写作生涯。很快，他发现自己根本没有写作的天赋，也不知道要写什么。他还发现，不管是自己还是已经成名的作家，对人类行为的理解都非常浅薄。于是，他决定放弃写作，进入哈佛大学研究心理学。

进入哈佛大学之后，斯金纳用所有的时间来学习心理学和生理学。他有一张非常严格的时间表，从早上6点一直到晚上9点，不看电影、不约会，专心研究学问。其间，他受到行为主义心理学的吸引，成为一名彻底的行为主义者。

在哈佛大学攻读硕士期间，斯金纳改进了巴甫洛夫的经典条件反射和桑代克的迷笼实验，创立了属于自己的行为主义理论——操作性条件反射理论。这一理论来自他长期对鸽子和老鼠进行的实验研究，也来自他对实验装置的不断改进。

他设计了一种被称为“斯金纳箱”的实验装置。在那里，他安装了一根杠杆和能够传递食物的通道。在斯金纳箱里放入一只饥饿的小白鼠。为了寻找食物，它会在箱子里四处活动。当它偶然按压杠杆之后，食物就会从通道落入箱内。

小白鼠不断按压杠杆，食物就会源源不断地从通道流出。没过多久，小白鼠就学会了这种取食的方法。斯金纳反复用其他动物做类似的实验，结果都证明，只要给予及时的报酬和强化，动物就能学会一种新的行为。

1930年，斯金纳获得哈佛大学心理学硕士学位。随后，他留在哈佛大学心理研究院担任研究员。一年后，斯金纳获得哈佛大学的哲学博士学位，并且作为研究员留在哈佛大学工作，直到1936年。

1936年，斯金纳离开哈佛大学，进入明尼苏达大学担任讲师、副教授。

后来，第二次世界大战爆发。当时，德军使用火箭准确地攻击了英国，而盟军尚没有类似的武器。于是，斯金纳开始了一项绝密的军事研究。他打算训练一批鸽子，想用鸽子来控制火箭飞行的方向。

在今天看来，这是一个古怪的人搞出来的古怪实验。但在当时，实验竟然真的煞有介事地开展起来。在斯金纳研究成功之前，盟军已经发明控制火箭的方法——雷达导航。虽然他的鸽子没有派上用场，却获得了一些意外的科学成果，如人类迷信的起源。

人们总是会有这样、那样的迷信行为，如忌讳踩到下水井盖、忌讳大年夜说不吉利的话等。斯金纳认为，人们之所以这样做，是因为他们相信这种行为和某种糟糕的结果存在着联系，即使实际情况并非如此。

斯金纳研究了8只鸽子。实验开始后，实验者会连续几天喂少于正常进食量的食物给鸽子，使得鸽子处于饥饿的状态。然后，鸽子被放入实验箱中自由活动。在此期间，实验箱会通过一个装置，每隔15秒钟落下一粒食丸。不管鸽子当时在做什么，食丸都会按照时间间隔准时落下。实验者则负责观察鸽子在箱子中的行为。

实验者发现，在参与实验的8只鸽子中，有6只出现了迷信现象。在间隔的15秒钟之间，一只鸽子开始在实验箱中逆时针转圈，一次会转两到三圈；另外一只会用头撞击实验箱的某个角落；第三只会将头慢慢低下，然后反复抬起。

鸽子的这些行为看起来好像和得到食物构成某种条件反射，只要它们做出一定的行为，就会顺利获得食物一般。而所有人都知道，这些行为和得到食物毫无关系，也就是说，鸽子变得迷信了。

为了验证这种迷信的强度，实验者选择一只“摇头”的鸽子，并将原本的15秒钟间隔延长到1分钟。这时，鸽子表现得更加执着，更加精力充沛。在1分钟的时间里，鸽子一直在奋力地“摇头”，直到食物掉落的那一瞬间才停止“摇头”。

对于人类来说，当某种行为被偶然地强化一次，人们就会抱着很大的期望等待下一次强化的出现。很久之后，当下一次强化继续出现时，人们就会更加认定这一强化的结果，于是，迷信的行为就断断续续地陪伴人的一生。

1948年，出任三年印第安纳大学心理学系主任之后，斯金纳重返哈佛大学，成为心理学终身教授。此后，他一直在哈佛大学进行研究。1990年，美国心理学会授予他“心理学毕生贡献奖”荣誉证书。八天后，他因为白血病去世。

在心理学史上，斯金纳是一个颇受争议的人物。有人认为他是魔鬼，也有人觉得他是神明。崇拜他的人说他是科学家、英雄，是普罗米修斯式的播火者，是技艺高超的技术专家，后起的认知心理学家则认为他是一生都坚持自我、有点神经质的顽固派。实际上，斯金纳的个性更符合一个科学家的形象——不畏权威，尊重事实，还有一点保守的固执己见。

第六章

心理意识

英国哲学家罗素说："'心念'并不是属于单独有自性的东西。"心理学家詹姆斯说："意识其实是一个过程。"在哲学上，意识是一种与物质相对立的精神实体；在心理学上，意识则变成人的头脑对于客观物质世界的反映，是感觉、思维等各种心理过程的总和。

发现睡眠的秘密

人的一生之中，有将近 1/3 的时间都是在睡眠中度过的。刚出生的婴儿每天要睡 20 个小时；即使是成年人，每天至少也要睡六七个小时。

对于睡眠的功能，最普遍的观点就是消除身体的疲劳。科学家通过监控大脑活动发现，当人进入睡眠之后，位于大脑下方的脑垂体会释放出大量的生长激素。这种激素可以帮助身体代谢蛋白质，从而促进人体组织的生长和修复。

世界之大，无奇不有。虽然大多数人每天都用 1/3 的时间来恢复身体的疲劳，也有一些人常常一睡不醒或者从来不睡。

英国有一位名叫塞缪尔·希尔顿的男士。他身体健康，没有疾病，也没有患上肥胖症。可是突然有一天，他倒在床上就开始睡觉，竟然连续睡了一个星期。周围人无论用什么方法都无法唤醒他，最后还是他自己醒过来的。

一年之后，希尔顿再次大睡起来。他的家人请来医生，用烟熏、用火烤，甚至给他放血都没起作用。四个多月后，希尔顿再一次自然醒来。医生检查他的身体，没有发现任何异常，也无法解释他长期睡眠的原因。

和希尔顿恰恰相反，美国有一个人叫作列奥波德·波林。在白天，波林可以连续工作十个小时，他不会感到疲惫，也不会头昏。到了晚上，他依然精力充沛，可以继续工作十个小时。算起来，他一天之内只需要睡两个小时。

奇怪的是，波林的睡眠质量非常高，从来没有躺在床上辗转反侧的经历。他像所有熟睡的人一样躺在床上入眠，起来之后还可以继续工作。

对于这种现象，各路医生给出了不同的解释，有人认为他患上了极端的失眠症，有人觉得是偶然的事件激发了波林大脑的潜能，使得他不会感到疲惫。究其所以，医生依旧无法明确解释这一现象的成因。

常识告诉我们，如果由于加班、狂欢之类的原因一夜未睡，第二天我们一定会发困，感到疲劳、头昏脑涨，工作根本进行不下去。于是，很多人都会好奇，对于每天必须睡觉的正常人来说，如果几天几夜不睡觉会出现什么后果呢?

1910 年，有人用狗作为被试，进行了一次睡眠剥夺实验。结果，可怜的狗在经过 293 小时的不眠不休之后，不幸为科学实验献身。

此后，在 1966 年，一位来自日本的研究者对一名 23 岁的男子进行了睡眠剥夺实验。被试在连续 101 个小时不睡觉之后，并没有出现明显的异常变化，也没有因此而生病。他只是表现得有点精神不振，并且出现错觉和幻觉。不过，经过十几个小时的充足睡眠之后，他又重新回到正常的状态。

后来，一些科学家招募志愿者，进行了一次长达200小时的睡眠剥夺实验。实验者最后得出结论，睡眠剥夺并没有人们想象得那么严重。缺少睡眠对人的身体几乎没有伤害，比较严重的情况则完全来自心理上，如长期不睡觉的人会感到疲劳、注意力难以集中、记忆力下降等。

如同那个日本男子的情况一般，实验之后，志愿者只需要痛痛快快地睡上十几个小时，所有症状就都会消失。不过，个体之间也存在很大的差异。科学家发现，有的人几天不睡，日常活动依然能够正常进行；有的人哪怕一夜没睡，马上就会疲惫不堪，无法工作。

睡眠剥夺实验证明，对于正常人来说，睡眠是非常必要的，不睡觉会引起许多精神症状。不过，对于那些两天没睡好觉就自称失眠，神经兮兮地看医生的人来说，也应该坦然面对一时的失眠。大多数情况下，那些自称失眠的人都在“偷偷”地睡觉，只是他们本人不自知而已。

让人夜不能寐的恶魔

如果你始终能够安然入睡，那是生活中的一件喜事。对于许多患有睡眠障碍的人来说，晚上能睡个舒坦觉都是奢望。

无法享受良好睡眠的人，有的是由于自身的身体、心理原因，有的则是因为客观环境所致。比如，工厂里的车间工人。由于工厂通常实行的是轮换制，当一个人连续两个星期上夜班之后，就会出现轻微的睡眠障碍，包括无法入睡、多梦、惊醒等。

之前我们提过，人如果长期不睡觉，并不会对身体造成明显的危害，却有可能产生心理上的一些变化，如感觉疲惫不堪、注意力无法集中等。正是由于人们心理上的这一点点变化，使得许多工厂频发作业事故。高速公路上的车祸多数都是由于驾驶员缺乏足够的睡眠、疲劳驾驶引起的。

美国宾夕法尼亚大学医学院的戴维·丁格斯教授研究了缺乏睡眠对人工作情况的影响。他招募了24位被试，并且将他们分成两组。一组被试一夜不睡，另外一组被试则保证充足的睡眠。之后，实验者会要求被试完成一些简单的任务，如观察眼前的一幅图画，实验者则用脑成像技术对他们进行观察。

实验结果表明，一夜没睡的被试在完成注意任务的过程中，大脑中的一个区域会出现短暂的停止活动的现象。相比之下，睡眠充足的被试则不会出现这种情况。丁格斯说，人在一夜没睡的情况下，脑电波会变得不稳定，有时还会出现短暂的“死机”现象。对于驾驶员来说，一旦大脑在马路上“死机”，就可能导致重大的交通事故。

另外一些人也研究了缺乏睡眠者的心理情况。实验证明，长时间不睡觉的人会变得盲目乐观，倾向于做出缺乏缜密思考的决定。

实验者同样将被试分成两组，一组被试缺乏睡眠，另一组被试获得充足的睡眠。随后，实验者要求被试参与现金赌博的游戏，从而比较睡眠缺乏对大脑的影响。结果发现，缺乏睡眠的被试往往不会从避免过多损失的角度考虑问题，反而会更乐观地追求获利。

脑成像技术的观察结果也是如此。缺乏睡眠导致大脑某些部位的活动增加，相反，处理负面情况的部位活动减少。这种变化导致缺乏睡眠的人对客观情况无法进行准确的判断。换句话说，缺乏睡眠削弱了大脑的决策能力。因而，疲惫的司机才会带着侥幸心理在高速路上铤而走险，长期加班、熬夜的医生更容易制造医疗事故。

这一研究对那些长期熬夜、不按时休息的人是一个不错的警示，对于那些无法入睡或者睡眠质量不佳的人来说却成了一个需要担忧的问题。

在 2000 年的一项美国民意测验中，成年人中有超过一半的人报告自己过去经历过或者正在经历失眠。长期的失眠让他们对自己的身体状况颇感担忧，同时，工作中可能发生的失误也成为他们新的困扰。然而，当那些声称备受失眠之苦困扰的人走进睡眠实验室，由心理医生检测他们的脑电波时，却发现这些人的失眠根本不存在。

心理研究已经发现，人类的睡眠其实是一个反复出现的周期活动。研究者分析了人在清醒时和睡眠时的脑电波变化，从而发现睡眠中的两个重要阶段——快速眼动睡眠阶段和非快速眼动睡眠阶段。

当你舒服地躺在床上，开始放松，渐渐睡着的时候，脑电波会渐渐慢下来，后期阶段，脑电活动开始增加，开始进入快速眼动睡眠阶段，这时，你就开始做梦。实验证明，快速眼动睡眠阶段的脑电活动非常像人在清醒时的模式，这一发现令研究者大惑不解，因此一段时间内，人们将睡眠的这个阶段称为“矛盾睡眠”。

让我们重新回到“失眠”这一话题上。研究者对失眠者进行睡眠中的脑电活动检测时发现，这些人的睡眠情况和享受良好睡眠的人完全相同。也就是说，声称自己长期失眠的人可能只是主观上的感受，实际上他们的大脑并没有停止休息。有趣的是，一些脑电活动出现异常、睡眠情况受到干扰的人却并没有抱怨自己经历失眠。

实际上，失眠并没有人们想象得那么可怕。人们之所以会担忧失眠，很大部分是来自对睡眠的错误认知。很多神经质的患者会找医生说：“我已经失眠一个星期，会不会引起大病，会不会因此死掉或者疯掉？我是不是患上抑郁症了？”

这些错误的认知引发某些人内心强烈的恐惧，从而使得睡眠质量越来越差，甚至真的开始失眠。实际上，人体自身存在一个自我保护机制，它会阻止人无限地清醒下去，即使主观上不去睡觉，它也会在一定时间之后强制身体入睡。除了非常特殊的个体，那些声称自己几年、几十年不曾入睡的人都是一种错误的主观感受。

心理学家詹姆斯·马斯曾经报告过一些“偷偷睡觉”的人。一些飞行员说，他们偶尔会在工作中小憩一会儿，当他们醒来时，常常发现他的同事也在小憩；对于每天需要应付大量学习任务的中学生来说，有 1/3 的人会选择在课堂上睡觉，从而补充夜间无法满足的睡眠。

化学药品改变人的意识

1976年，美国曾经开展一项长达8年的调查研究，旨在收集社会人群中药物滥用的情况。调查选择来自洛杉矶的1000多名学生，最后收集到739份有效数据。统计结果显示，其中有不到10%的学生定期甚至长期使用药物，也有不到10%的学生不使用任何药物。

实验者根据调查情况总结出滥用药物的危害：一般情况下，日常用药会使个体消极地应对社会，减少个体与社会之间的联系，同时增加非暴力犯罪的比例；烈性的精神类药物，如兴奋剂、毒品等，会增加个体自杀、自残的可能性，从而增加原本的孤独感；烈性药物和烟草结合，会严重损害人的身体健康；相比那些服用药物的青少年，有轻微酗酒习惯的人显得社会适应力更强。

几十年来，类似这样的调查一直在进行，不过人群中服用药物的比例似乎有增无减。进入21世纪以来，整个世界除了抗生素滥用，最严重的现象就是精神类药物的滥用。许多被诊断为焦虑症、抑郁症、强迫性思维、偏执型人格的人，认真听从医生的嘱咐，长期甚至终身服用精神促进类的化学药品。然而，药物的使用未必真的能够治好一个人，引发出来的身心影响却是显而易见的。

说起来，人们从古代开始就已经通过服用药物来改变身体的状态，从而改善对现实的感受。在西方的文化中，药物并非用来治病，大多数时候，人们服药是为了配合某种宗教仪式。服用药物之后，人们会感到放松，体验到一种舒适、没有压力的状态。相对于充满压力、不快的现实社会，药物也起到了逃避现实的作用。

作为美国心理学的鼻祖，威廉·詹姆斯也曾经试验过药物对意识的影响。在尝试吸入一氧化氮（遇空气转变为二氧化氮，对眼、呼吸道具有强烈的刺激性）之后，詹姆斯在记录中用到诸如“巨大的兴奋感”“强烈的形而上学的启发”一类的词汇来表述自己的感受。此外，文学家赫胥黎也曾经服用过一种叫作“酶斯卡灵”的致幻剂，以体验化学药品对意识的影响。

诚然，迷幻剂、致幻剂的作用，使大脑意识改变了对外部环境的知觉，也改变了对自我内心的知觉。人就像真的置身于幻境一般，意识停留在清晰与模糊的边缘。当身体习惯享受这种迷幻的感觉时，就容易形成心理依赖，从而将个人生活的重心转变为以药物为重心。药物成瘾中，最典型的例子就是吸毒者。

大麻，作为一种有精神促进效果的植物，它的主要成分叫作“四氢大麻酚”，简称“THC”。少量吸入 THC 的人能够获得短暂的愉快情绪，大剂量吸入则会出现幻觉。定期吸食会反复体验这种愉快的感觉，有时还会出现空间、时间的扭曲感。当然，出现恐惧、焦虑和思维混乱的情况也时有发生。

近年来，研究人员发现，人的大脑中有一种化学递质和大麻的化学成分特别相似，这种递质在脑区海马中比较常见，这一区域主要负责人的记忆。此外，科学家在巧克力中也发现了这种物质，尤其是黑巧克力和牛奶巧克力中。这也可以解释，人们为什么如此钟情于巧克力。

和海洛因、吗啡比起来，大麻是一种相对低端的神经兴奋剂，但它却是使用人数最多、种植范围最广的一种毒品。一方面因为它的价格相对低廉，另一方面则是因为它对神经的伤害性比较低。英国的一份数据显示，大麻的成瘾作用远远低于海洛因、安非他命，甚至不及酒精和尼古丁的效果。

在众多精神促进性药物中，由于大麻、海洛因、吗啡等对人的身体和精神状态造成的影响，被政府放入非法使用的药物之列，许多国家也在极力打击。不过，那些摆在药房里的合法药品，如镇静剂、止痛剂，就不会影响人的心理或行为吗？答案是否定的。

英国牛津大学的一项研究显示，用于治疗心脏病的常见药——普萘洛尔会对人的潜意识造成影响，甚至会改变人们的种族偏见。在临床上，这种药物会影响一些和恐惧情绪反应相关的神经系统，因此用来治疗心律不齐、心绞痛等。

实验者将被试分为两组，其中一组被试服用普萘洛尔，另外一组被试服用安慰剂。随后，实验者会对被试进行一系列关于种族偏见的内隐态度测试。结果，服用普萘洛尔的被试分数明显低于服用安慰剂的被试。因此证明，虽然两组人员在外显的行为上都没有表现出来明显的种族偏见倾向，在内心里，服用普萘洛尔的被试具有较低倾向。

实验者认为，这是由于种族偏见来源于人类一种无意识的恐惧反应，而普萘洛尔恰好阻止了这一信号在神经元之间的传递，因此服用药物的人种族偏见比较小。很多同步的研究者认为，这一药物将会彻底改变种族主义者的大脑。不过，普萘洛尔到底通过何种方式影响人的神经系统，继而影响人的意识、行为，还需要进一步的科学研究。

催眠师手记

电影《双雄》中，由黎明扮演的心理医生大炫了一把催眠的技术：他坐在郑伊健扮演的警察对面，用郑伊健内心里一个深藏的秘密吸引了他的注意力。很快，郑伊健进入催眠状态。他不由自主地开始移动，然后打开保险柜，偷走了里面的钻石。当警察赶到时，他才终于清醒过来，发现自己可能杀了人。此刻，心理医生已经解开手铐，逃之夭夭。

在《沉默的羔羊》中，汉尼拔通过回忆，让史黛琳想起童年时期那只待宰的羔羊，进而使她进入催眠的状态。被催眠的史黛琳看到汉尼拔正在惩罚那个受贿的上司，并且请他吃自己的大脑。随着催眠的进行，汉尼拔慢慢解开了史黛琳内心的矛盾。

许多电影中都涉及催眠的环节，最经典的镜头莫过于催眠师拿着一只怀表，在被催眠者的眼前晃来晃去，被催眠者只要用眼睛盯着怀表几秒钟，就会失去意识，陷入催眠状态。实际上，电影中的催眠十有八九都是虚幻的假象。世界上尚没有一位催眠师通过说几句话就能对人进行催眠，也没有哪个人受暗示性那么高，五分钟不到就进入催眠的状态。

一项抽样调查显示，在不使用药物的情况下，有一半人对于催眠没有任何反应，其他人会有轻微的反应，而进入深度催眠的人则是人群中的极少数。至此，我们不禁要反思，当心理治疗的知识和方法变成大众娱乐的产品时，有多少能够呈现真实，又有多少人始终在误读催眠术？

实际上，一个相对中肯的催眠场景是这样的：一位催眠师正在给一班学生演示催眠。几个学生坐在教室前面，催眠师让他们放松，然后引出导语，使学生慢慢进入催眠状态。于是，学生们变得昏昏欲睡。催眠师告诉学生："此刻，你正处在一种深度催眠状态，并且将会按照我说的话去做。"

催眠师说："现在，有一个重物，正在用力向下拉你的胳膊。"一会儿，学生的手臂真的开始下垂，就像真的有重物在拉他们的手臂一样。不过，每个人的反应都不同。有的学生很快就垂下手臂；有的学生则需要重复好几次指令，手臂才慢慢向下动；有的学生则根本不受影响。

接着，催眠师说："一只苍蝇正在你们的头顶嗡嗡叫。"如你所料，有人抬高手臂，试图拍打想象中的苍蝇；有人反应缓慢；有人则根本不动。催眠师提醒观众说："此刻发生的事情，如果我没有特意提醒，当他们醒来后，他们将不会记得发生了什么事。"演示的学生醒过来后，问他们是否记得当时的过程，有人的确什么都没记住，有人记起来一些片段，有人则将过程完整地叙述了一遍。

可见，不管催眠师的技艺多么高超，最终决定催眠质量的依旧是被催眠者的个人特质。一般情况下，在催眠之前，催眠师都会对被催眠者进行一个“受暗示性”的测试。比如，让被催眠者闭上眼睛，然后拿出两个重量相同的物体让他去掂量一下，并问：“你感到哪一个物体更重？”还可以让被催眠者闭着眼睛去闻两个无味的盒子，并问：“哪个盒子有香味？”测试的结果会知晓被催眠者的受暗示性，也会决定催眠的质量。

下面，我们来看一个催眠史上的经典案例，来自催眠大师米尔顿·艾瑞克森。

有一位年轻女士向艾瑞克森求助，她说：“我现在的体重是180磅，我的目标是130磅。我曾经尝试过减肥，并且成功了许多次。可是，当我的体重成功降到130磅时，我就忍不住想要大吃大喝，庆祝自己的胜利。没过多久，我的体重就又回来了。您能利用催眠的技术帮我回到130磅的体重吗？”

艾瑞克森说：“我可以帮你减轻体重，不过，我采用的方法你恐怕不会喜欢。”这位年轻的女士表示：“只要能让我回到130磅的身材，任何方式我都能接受。”“可是，这个过程非常难熬，会令你非常痛苦的。”“没关系，我保证，只要是您的要求，我一定全部照办。”

于是，艾瑞克森将她引入催眠的状态。在催眠状态中，艾瑞克森再次重申了刚才的问题：你一定不会喜欢这种减肥方式的。在催眠状态下，女士再次承诺，她一定会按照艾瑞克森的指示行动。随后，艾瑞克森对她说：“那么，你就这样做吧。你现在的体重是180

磅，你还应该再增加20磅。当你的体重达到200磅时，就可以开始减肥了。”

在以后的日子里，女士的体重一直在上升。每上升1磅，她就会找到艾瑞克森，请求开始减肥。当她一下子增重10磅后，她感到非常懊恼，并且希望能够收回承诺，开始减肥。当然，艾瑞克森是不会答应她的。即使当她到了199磅，艾瑞克森依然没有答应她的请求。

终于体重达到200磅后，她开始了减肥工作。遵照医生的指示，很快，这位女士的体重就回到了130磅。和以往相比，她不再用大吃大喝来庆祝减肥成功，因为她再也不愿意经历一次增重20磅的痛苦过程。

心灵视窗

儿童什么时候获得自我意识

欢欢上幼儿园的第二个星期，在教室的走廊里拉了屁屁。老师回到教室，帮她拿干净的裤子，结果欢欢就把屁屁包了起来。等老师回来的时候，发现地面变干净了，她以为保洁阿姨打扫过了，便没有在意。

回到教室之后，欢欢偷偷地将屁屁放在书包里。在这之后，任何人都不能碰她的书包，即使以前经常帮她收拾书包的老师都不行。幼儿园的老师习惯她的变化之后，也没有过多留意。

放学后，妈妈打开欢欢的书包，结果大吃一惊，欢欢的书包里竟然有一包屁屁。妈妈给老师打电话才弄清事情原委。后来，妈妈问欢欢：“为什么要把屁屁带回家呀？”欢欢回答说：“因为那是我的。”

童言无忌，爸爸妈妈都被欢欢的回答逗乐了。可是，粗心的家长并没有发现，欢欢的这一举动表明她正在进入一个心理上的新阶段——获得自我意识。

所谓自我意识，即自己对自己的认识，包括了解自己的身高、体重、体态、兴趣、性格等。对于成年人来说，每个人都有非常清楚的自我意识，也能够全面地掌控肢体和大脑活动。然而，对于刚刚出生的小孩子来说，他们对这一切一无所知。

婴儿出生时，都是没有自我意识的，除饮食、排便的生理需要外，他觉得自己和世界是浑然一体的。因此，他不知道自己身体的存在，更不会将自己看作客体的存在。所以，小孩子才会吃手、吃脚，甚至将自己的手脚当作玩具来玩。

心理学家曾经通过实验来观察婴儿什么时候开始意识到自己的存在。婴儿睡觉时，在他的鼻子上抹上胭脂。当他醒来后，拿一面镜子放在他的面前。结果，不到 12 个月的婴儿会伸手去摸镜子里的胭脂；只有 15 个月大的婴儿才会看着镜子，用手摸自己鼻子上的胭脂。基于这个实验，美国社会心理学家库里提出“镜像自我”理论。

库里认为，一个人对自我的认识是在与他人的交往中形成的。一个人的自我观念来自他人对自己看法的反映。也就是说，人们会将他人当作镜子，与人交往的过程就是照镜子的过程。

当然，“对着镜子寻找自我”的过程在少年期是明显的。心智尚未成熟的少年会特别在意他人的眼光和看法，并且不断借用他人对自己的评价来修正人格。不过，对于尚未将自己与世界分开来的婴儿来说，让他们感觉“我”的存在是儿童成长的第一要义。

那么，婴儿在什么时候才会有这样的表现呢?

大约12个月的时候，咿呀学语的儿童开始用手拿纸笔、玩具等，不管拿什么，他开始知道手指是自己的，并且能够将手和玩具区分开来。他知道扔掉皮球，皮球就会滚到远处，他需要走过去，拿回来，才能让皮球继续滚出去。在这一过程中，儿童开始区分自己和其他物体。

24个月大的儿童还会为了自己和别的小朋友名字相同感到困惑。直到他开始透过名字，掌握“我”“你”“他”这样的人称代词后，自我意识的发展才发生质的变化。此时，儿童会喜欢说“我要……”“我想……”，并渐渐学着评价自己“乖”还是“不乖”。

此后的20年间，儿童进入童年期、少年期、青年期，自我意识的发展也开始经历从无到有、从幼稚到成熟的变化。这个过程需要经历近20年的时间，直到我们对自己有一个稳定的、全面的认识。

心理学家

精神分析大师——弗洛伊德

1856年，西格蒙德·弗洛伊德出生在奥地利的一个犹太家庭。父亲雅各布·弗洛伊德是一个心地善良但资本匮乏的犹太商人。母亲是父亲的第二任妻子，当时只有21岁。除了母亲所生的两个弟弟和五个妹妹，弗洛伊德还有两个同父异母的哥哥。他们比弗洛伊德大20多岁，并且不和他们生活在一起。

3岁时，弗洛伊德全家迁往维也纳，同父异母的两个哥哥则选择移居英国的曼彻斯特。此后，弗洛伊德在维也纳度过了人生中的大部分时间。

家里孩子多，财政紧张，但是弗洛伊德的父母还是尽力抚养他们，并且着重培养他们的智力。和兄弟姐妹比起来，父母在弗洛伊德身上投入的心力更多一些。于是，弗洛伊德从小就具备过人的智力。

9 岁那年，弗洛伊德以优异的成绩通过中学考试，进入维也纳吉姆纳森学校学习。中学阶段，弗洛伊德的成绩非常优异，在班级一直排名第一。

1873 年，从大学预科毕业前夕，弗洛伊德面临人生中的第一次选择。当时，他对政治、生物都非常感兴趣，但是身为犹太人，可供选择的职业并不多，况且当时的奥地利还存在着强烈的反犹太主义思想。最后，他受到卡尔·布鲁尔教授的影响，选择了医学。随后，他在一个犹太慈善机构的资助下进入维也纳大学医学院学习。

大学期间，弗洛伊德将大量的时间花在生物学、医学、病理学和外科手术上。在艾内斯特·布吕克教授的生理研究室里，他证明了低级动物的脊髓神经节细胞与高级动物的同一性。在生物学领域，这个问题一直是人们长期争论的焦点，弗洛伊德的证明对进化论做出了有益的贡献。

1881 年，弗洛伊德获得了医学博士学位。他原本打算进入大学从事神经医学研究，但是因为犹太背景未能如愿。后来，他留在布吕克教授的研究室从事理论研究。

1882 年，弗洛伊德爱上妹妹的朋友玛莎·伯尼斯，并很快订婚。伯尼斯出身于汉堡的一个犹太家庭，当时也在维也纳居住。迫于经济的压力，弗洛伊德意识到自己不能继续留在实验室里做理论研究，而应该去干一点实际的工作。后来，弗洛伊德听从布吕克教授的建议，离开实验室，进入维也纳全科医院工作。

3 年的时间里，弗洛伊德在医院的每个部门都工作过，因此他得到了医学上充足而扎实的训练。工作期间，他发表了一些关于可卡因的研究成果，引起了医学界对这种药物的注意。弗洛伊德发现了可卡因的麻醉作用，于是建议眼科医生在做眼部手术的时候使用。后来，医生柯勒发表了相关的研究成果，并且成为医学上局部麻醉的创始人。

1885年，弗洛伊德成为维也纳大学医学院神经病理学讲师。8月时，他获得了一份数额不小的奖学金，得以前往巴黎，跟随著名的神经病学家沙可学习催眠。弗洛伊德在巴黎仅仅停留4个半月，这段经历却对他今后的人生产生了巨大的影响。

跟随沙可学习，使得弗洛伊德从一位神经学家变成一位精神病理学家，研究内容也从躯体转向心理世界。追溯起来，弗洛伊德对精神病学早有接触。在他和布洛伊尔合作期间，就从对方那里了解了一些关于催眠和宣泄的疗法。在布洛伊尔研究的基础上，弗洛伊德学习了沙可治疗癔症的方法，进一步揭开了催眠疗法的秘密。

1886年，弗洛伊德从巴黎回到维也纳，并把他在巴黎的所见所闻写成一篇医学报告，很可惜他的观点并未引起反响，甚至大受冷落。不过，弗洛伊德的生活并未受此影响。同年，弗洛伊德和订婚四年的女友玛莎·伯尼斯顺利结婚。婚后不久，他以神经病学家的身份开始行医。

弗洛伊德的婚姻非常美满，他和妻子一共生育了六个孩子——三个儿子，三个女儿。其中，最小的女儿安娜·弗洛伊德继承了父亲的衣钵，成为一位著名的精神分析学家。

开业行医之后，弗洛伊德用催眠疗法治疗了许多癔症病人，但效果并不理想。1889年，他前往南锡，向一位催眠专家伊波利特·波恩海姆求教。这位催眠大师采用的是布洛伊尔的疏泄疗法。

随着经验的积累，弗洛伊德观察到，被病人遗忘的痛苦记忆往往都是一些不被接受的愿望，于是他想到“压抑”这个概念。在后来的精神分析学中，“压抑”成为一个非常重要的要素。

1895 年，弗洛伊德与布洛伊尔合作完成《癔症研究》。这本书的出版为弗洛伊德的精神分析学奠定了理论基础。也是在这本书中，弗洛伊德第一次使用“精神分析学”这个概念。

此时，在治疗癔症患者时，弗洛伊德已经放弃催眠的方法，而改用自由联想。自从父亲去世后，他便开始进行自我分析，并且开始解析自己的梦境。他认为人的心理障碍都是由于性紧张引起的。

1900 年，基于自我分析和解析梦境的经验，弗洛伊德出版了《梦的解析》一书。100 年后，这本书成为心理学史上的经典之作。然而在当时，它却招来了大量的批评，以至于此书出版八年，只售出 600 册，弗洛伊德拿到的版税也只有 200 多美元。

幸运的是，《梦的解析》的出版促进了精神分析运动的发展。一些年轻的学者开始成为弗洛伊德的追随者，他们成立了维也纳精神分析小组，后来还成立了精神分析学会。当时的追随者，包括阿德勒、费登、荣格，这些人后来都成了杰出的心理学家。

不过，精神分析小组和睦的日子并没有持续多久。因为理念上的不一致，弗洛伊德的学生们纷纷离他而去，开始发展出新的理论和风格。弗洛伊德非常不理解这一现象，便将抛弃他的学生开除出精神分析的圈子。阿德勒和荣格后来也离开精神分析小组，分别建立了个体心理学和分析心理学。

1904 年，弗洛伊德出版了《日常生活中的心理病理学》。在他的所有著作中，这本书可能是流传最广的一部。在这本书里，弗洛伊德探讨了生活中常见的一些缺陷、失误的心理机制，如遗忘、笔误、失言等。在他看来，那些看似偶然的、毫无意义的行为并不能简单地归结为自由意志，而是受到潜意识的驱使。

1905年，弗洛伊德出版了三部著作，分别为《多拉的分析》《玩笑及其与无意识的关系》《性学三论》，其中争议最大的就是《性学三论》。在这本书里，弗洛伊德解释了婴儿期的性欲以及性倒错和神经症之间的关系。“泛性论”的观点为弗洛伊德招来谩骂和嘲讽，医学界开始联合抵制他的观点，甚至有人认为，他是一个满脑子淫秽念头、邪恶下流的人。

有趣的是，当他成为德国最不受欢迎的人之后，美国心理学界却给了他国际上的认可。1909年，时任美国克拉克大学校长的心理学家霍尔邀请弗洛伊德访美，并且在校庆活动中举办讲座。在美国，弗洛伊德见到了当时心理学界的重要人物，包括詹姆斯、铁钦纳、卡特尔等人，他还被克拉克大学授予名誉博士学位。

1913年，弗洛伊德出版了《图腾与禁忌》一书，这本书在历史上的地位仅次于《梦的解析》。通过对社会中乱伦恐惧、情感矛盾的研究，弗洛伊德总结了精神分析学中的3个重要观点：梦是无意识欲望的满足；人类普遍具有恋母情结和恋父情结，又称“俄狄浦斯情结”和“厄勒克特拉情结”；儿童具有性爱意识和动机。

1920年，弗洛伊德年仅26岁的女儿去世，两个儿子前往前线，参加战争。在这样的背景下，弗洛伊德建立了“死本能”理论。随后，他将这一概念添加到自己的人格理论当中，与“生本能”相对。

大约在同一时期，弗洛伊德患上了口腔癌。这主要和他每天抽20根雪茄有关。为了对抗疾病，弗洛伊德做了一次大手术。手术导致他失去上颚的一边，并且需要戴又大又复杂的假牙。在后来的16年间，弗洛伊德相继接受了33次手术，即使非常痛苦，他依然拒绝使用止痛药。他说："我宁愿在痛苦中思考，也不能失去清醒的头脑。"于是，他始终保持头脑清醒，继续为病人看病或者研究精神分析学的理论。

"二战"爆发前夕，纳粹党开始迫害犹太人。当时，德国许多追随弗洛伊德的学者都被迫选择逃亡，弗洛伊德的著作也在柏林被当众焚毁。纳粹的举动令弗洛伊德压力重重，但是他始终不愿意离开维也纳。直到1938年，纳粹入侵奥地利之后，他才忍痛离开维也纳，和女儿安娜一起逃亡英国。

搬到英国的马兹费尔德花园之后，弗洛伊德接受了最后一次手术，也是最大的一次手术。到了1939年9月，他的病情复发。然而，医生认为以他的情况已经无法进行手术。此时，弗洛伊德已经罹患癌症16年，多次的上颚手术导致他面部塌陷、形容枯槁，刀口发出的恶臭使他的爱犬也不愿走近他。弥留之际，弗洛伊德已经无法进食。为了躲避逐臭而来的苍蝇，他只能终日躺在蚊帐里。

不愿继续固执己见的弗洛伊德向他的私人医生舒尔茨求助，希望能尽快摆脱痛苦。随后，舒尔茨给弗洛伊德注射了两针吗啡。第二天凌晨，弗洛伊德在病榻上安静地离世，享年83岁。

第七章

行为分析

到中国人家里做客，一般都要经历这样的过程：敲门、进屋、换鞋、安置行李、坐下、聊天、喝饮料、吃饭、娱乐、离开。你有没有想过，这个过程是如何形成的？一个人从多大开始学会这个行为过程，然后用一生的时间保持？会不会，这也是一种条件反射？

巴甫洛夫与狗

试想一下，如果有一块便便形状的奶油蛋糕，你会瞬间垂涎三尺，想要大快朵颐吗？如果一个盛糖的容器被贴上“有毒”的标签，你还愿意喝这样的糖水吗？如果必须只身一人走入漆黑、潮湿的小巷，你能毫无顾忌地走进去吗？

但凡遇到这些情景，所有人的反应都是毫不犹豫地说“NO”。在你表达观点之后，是否考虑过，尚且没吃到、没经历过的事情，是什么让你如此迅速地做出判断？你选择拒绝的思想前提来自哪里呢？

在揭开谜底之前，我们先来看一段《生理学家与狗》的故事。

19世纪末期，沙俄帝国已经风雨飘摇。社会上的有识之士每天都在谈论革命或者改良的话题。此时，一位刚刚从德国进修回来的年轻人进入军事医院，开始研究消化系统的功能。他在实验室里孜孜不倦地研究，陪伴他的实验对象和工具却简陋得可怜——一条狗、一把摇铃和一些食物。

由于之前的快速实验损失了许多动物，年轻人决定进行一种慢速实验，用动物的活体来研究消化系统。当时的他对任何心理现象都不感兴趣，他的目的只有一个——研究狗的消化系统。为此，他在狗的脖子上开了一条口子，将管子插入其中，这样狗分泌出来的唾液就可以及时地导入体外的容器里。

为了诱导狗分泌唾液，他请助手将食物放在狗嘴里，然后观察唾液分泌的情况。几次反复之后，他发现了一个奇怪的现象：在助手将食物放入狗嘴之前，它就开始分泌唾液。也就是说，狗仅仅是看到食物，唾液就开始分泌。

年轻人对科学研究一向具有好奇心，于是他决定弄清楚这一奇怪的现象。此时，一位著名的生理学家劝告他，不要做那些关于心理的愚蠢研究。年轻人对此置之不理，继续他的实验。

年轻人猜想，狗一定是学会把食物和某种环境中的刺激联系起来，才会在吃到食物之前就开始分泌唾液。可是，这个刺激物是什么，它又是如何工作的呢？为了弄清楚原委，他设计了一个巧妙的实验。

他将狗放在笼子里，然后将管子连接到狗的唾液腺上。他不给狗食物，却在狗的面前摇铃。结果发现狗并没有分泌唾液。随后，他先摇铃，后给狗食物，结果狗就开始分泌唾液。如此重复几次之后，他只摇铃却不拿食物，狗也会不由自主地分泌唾液。

接着，年轻人又进行了相似的实验。在给狗喂食之前，他打开电灯。可以想象，狗是不会分泌唾液的。可是，开灯之后，马上给狗喂食，它的唾液就流出来了。以后，每次给狗喂食之前，都先打开电灯，保证电灯和食物同时出现。如此多次重复之后，只要灯光一亮，即使没有食物，狗也分泌了唾液。也就是说，狗将灯光和食物联系起来，形成了一种条件反射。

几年之后，这个年轻人在马德里的国际医学年会上宣读了他的实验和研究报告，他认为条件反射是高等动物，包括人类对环境做出反应的生理机制，并且创立了条件反射学说，即高级神经学说。他的研究弄清楚了许多生理学和医学问题，鉴于这项研究成果，他在第二年成为诺贝尔医学奖的得主，从而也成为俄国科学界的泰斗。

这个年轻人，就是经典条件反射的发现者——伊万·巴甫洛夫。巴甫洛夫的一生都在研究生理学，并且做了大量的生理学实验，他从来没有想过，他的研究成果会永久性地改变心理学的发展进程。

当俄国政治发生大动荡的时候，巴甫洛夫多次在公开场合表达他对政治的看法。不过，因为他在科学界的巨大贡献，苏维埃政府并没有为难他，反而为他设立别院，创造了一个只属于生物学家的天堂。

86 岁的时候，巴甫洛夫写下了一份遗嘱，叮嘱那些准备献身科学事业的年轻人："科学要求人们花费毕生的精力。即使你有两倍的寿命，仍然是不够用的。"

现在，我们来分析一下文章开头提到的各种行为反应。为什么人们会在某种情况下轻而易举地做出判断？即使面对的是许多未知的事物，人们也会不加思考地选择拒绝？其实，一切都是条件反射的作用。

就像我们看恐怖电影一样，当主人公走向一扇紧闭的房门时，你的内心一定会大喊"不要进去，不要进去"，然后开始心跳加速、手心出汗。这是为什么呢？是因为在之前的某种情境下，你已经将紧闭的房门和某种恐怖的视觉事件联系在一起，成为一种恐怖反应的条件反射。以后，只要你看到类似的画面，就会产生相应的行为。

强化与惩罚

仔细观察生活，你会发现，喜欢讲笑话的人如果能成功逗笑身边的朋友，到了其他场合，他还会继续讲笑话，以逗笑更多的人；大雨倾盆时，人们拿起雨伞以免被淋湿，此后，只要是下雨天，人们就会自动地拿起雨伞，躲避这种令人讨厌的刺激。

生活中到处充满强化与惩罚的例子，然而，它们却经常被人们当作理所当然，从而忽略了这些行为的成因以及重要性。在这些看似简单、平常的生活细节中，包含着操作性条件作用的经典原理——强化与惩罚。

在讨论强化与惩罚的规律之前，我们先来看一则关于行为强化的小故事。

20 世纪 60 年代，一群学前教育的老师在教学中进行了一次经典的研究。他们利用正强化的方法，成功地帮助一个小女孩克服了害羞心理，开始加入同伴的玩耍中。在未来的行为矫正中，这一研究被多次引用，成为正强化的经典例证。

在学校里，所有的老师都非常担心这个小女孩。因为她很少参与其他小朋友的活动，却愿意花大量的时间和老师或者其他成年人待在一起。于是，老师们决定用表扬她的方法鼓励她和小朋友玩耍。

在实施强化之前，老师统计了小女孩和老师、小朋友之间的交往频率。之后，老师偶然发现她和小朋友玩耍时就表扬她一次，但不会对她过分关注。下一次，当她再次和小朋友玩耍时，老师还会给予她及时的表扬。当老师不断给予她表扬时，她和小朋友玩耍的概率增加了。

为了确定这一结果完全来自老师的表扬，而不是来自其他因素，老师们随后停止对小女孩的表扬，结果她和小朋友玩耍的频率降低了。老师们确定了强化的作用，继而重新开始表扬她的行为。最后，老师们通过正强化的方式帮助小女孩成功地适应和其他小朋友的相处，她也从木讷、害羞的小女孩成为游戏中的活跃者。

如同斯金纳箱中被食物强化行为的老鼠一样，小女孩的行为受到老师表扬的强化，从而增加了和同伴交往的频率。当行为的结果（老师的表扬）导致下一步行为（和同伴玩耍）发生的可能性增加，这时正强化就发生了。与之相对应，当消除某种刺激（如躲避雨水）导致下一步行为（下雨天打伞）发生的可能性增加时，负强化就发生了。

许多人会从字面意思来理解，认为负强化一定是负面的，是消除了某种行为的结果。负强化的确存在消除某种刺激的作用，不过它的目的与正强化相同，都是为了增加下一步行为发生的概率。实际上，起到消除下一步行为作用的是惩罚。

当一个小男孩总是动手打幼小的妹妹时，妈妈如果没收他的零用钱，打妹妹的行为就会消失，这就是惩罚的功效。当出现一个令人讨厌的刺激（零用钱被没收），就会降低下一步行为（打妹妹）出现的概率，如此为惩罚。试想一下，如果小男孩动手打妹妹，妈妈就动手打小男孩，结果会怎样呢？

当然，惩罚的作用非常有效，却没有强化那样目的明确，因此时常使个体陷入迷茫，不知道惩罚者的真实意图。比如，当你想要训练狗狗坐下时，狗狗一下子就躺在地上，于是你打它，想要它坐下。结果狗狗不明所以，重新站了起来。没有达到目的的你继续惩罚狗狗，结果狗狗就不断地躺下、站起，躺下、站起，直到最后放弃对惩罚做出任何反应。这种现象就叫作“习得性无助”。

对于喜欢惩罚学生的老师来说，适当的鼓励比过度的惩罚显得更加有效。强化和惩罚比较起来，与其费尽力气消除一种行为，不如通过一种愉快的互动模式帮助学生重新建立新的行为。

发展心理学家为了训练儿童的自制力，设计了一个经典的“延迟满足”实验。

实验者挑选一批 4 岁的儿童作为被试，并且给每位儿童发了一颗好吃的软糖。实验者告诉孩子们：“如果马上吃掉它，你就只能吃这一颗；如果过 20 分钟再吃，你就会获得两颗。”说完之后，实验者离开教室，通过单向玻璃观察孩子们的反应。

结果发现，有的孩子非常着急，马上就把糖果吃掉了；有的孩子则利用闭眼、头枕双臂等姿势躲避糖果的诱惑；有的孩子甚至开始自言自语或者唱歌，以此转移自己的注意力。那些坚持到 20 分钟的孩子最终获得了两颗糖果的奖励。

实验者对所有的被试儿童进行了跟踪观察，结果那些当初获得两颗糖果的孩子，在升入中学、大学之后，表现出较强的适应性，自信水平也很高。相反，那些禁不住诱惑的孩子则往往屈从于压力，逃避各方面的挑战。几十年后，那些耐心等待两颗糖果的孩子在事业上更加成功。

了解强化与惩罚的规律之后，你是否会考虑，用这些方法来塑造你的孩子呢？如果你还在为孩子的坏习惯困扰，不妨尝试一下行为主义的方法吧！

不吃螃蟹的谈大姐

在饮食习惯上，每个人都有特别喜好的口味，也有绝对不碰的食材。有的人不吃黄豆芽，有的人不吃猪肉，谈大姐则从来不吃螃蟹。

一直以来，谈大姐不吃螃蟹，甚至看见螃蟹就恶心，她始终不知道原因，还以为是自己对螃蟹过敏。

中学时期，谈大姐特别喜欢吃海鲜。每次放假回家，妈妈都会煮许多螃蟹、虾、蛤蜊，看着一大桌丰盛的美食，谈大姐也就放开胃口，大吃一顿。多年来，她始终沿袭着周末回家的习惯，不仅可以和爸妈见面，还能吃到美味的菜肴。

可是，有一次情况不太妙。由于伏天暑气较重，吃过晚饭后，谈大姐就开始胃疼，接着便上吐下泻，折腾了一晚上。医生诊断是急性胃肠炎，吊了几天盐水之后，谈大姐的病才痊愈。从此以后，她就再也不吃螃蟹了。只要一看到螃蟹，她就想起当天的呕吐物，还有从胃里反上来的一股变质的海腥味。

后来她才知道，原来她的反应叫作“味觉厌恶学习”。

巴甫洛夫证明条件反射的存在之后，许多科学家开始沿着这个方向解释人类的行为，并且尝试将条件反射的原理应用到生活中。和巴甫洛夫不同的是，心理学家约翰·加西亚和罗伯特·库林却通过对老鼠的实验找到了动物中一种先天存在的经典条件反射。

加西亚和库林观察发现，动物在摄入某种食物，如甜食之后，会出现腹泻、呕吐的现象。在以后的摄食活动中，动物就会减少摄取具有甜味或者相似味道的食物。为了证明这一现象，他们在老鼠身上做了实验。

对老鼠连续 12 个小时禁水之后，实验者喂给老鼠 0.1% 的糖精溶液，之后在它的腹腔内注射会引起内脏不适的药物。接着，老鼠会出现腹痛、呕吐的现象。第二天，当实验者给老鼠一瓶水和一份 0.1% 的糖精溶液时，老鼠会去饮水，但是绝对不碰糖精溶液。

加西亚和库林将这一行为称为“味觉厌恶学习”。和经典条件反射作用不同，味觉厌恶学习仅仅通过条件刺激与相应结果的一次性匹配就形成了条件反射。实验证明，即使老鼠在摄入食物后更长时间，如 12 个小时后才出现身体不适，这一条件反射依旧会形成，并且成为终身记忆，永久性保留。加西亚和库林利用这个实验证明了动物本身就具有学习条件反射的生物学准备，这种学习机制来自动物的进化。

老鼠的取食特点已经证明这一点。当出现一种新的食物时，老鼠通常表现得非常谨慎。它一次只会吃一点儿，一旦感到身体不适，就再也不去碰这种食物。如果没有不良反应，它才会回去取食更多。这种谨慎的做法确保食物是安全的，使老鼠得以远离伤害，对于物种的保存具有重要价值。

北美洲的农场主巧妙地利用动物的味觉厌恶反应，无须杀害牧场里的小狼，就可以有效地保护他们的羊群。

美洲狼喜欢在牧场周围埋伏，伺机猎杀农场主的羊。为了防止狼群的入侵，农场主不得不开枪驱逐它们，有时候还会射杀一些小狼。这样一来，狼群的数量会迅速减少，生态系统也会遭到破坏。

研究人员帮农场主想到一个好办法，他们在牧场周围投放一些羊肉。当然，这些羊肉都是经过处理的。研究人员在羊肉里注射了一种化学药品，狼摄入后会大病一场，但是不会丧命。

吃掉羊肉的狼随即开始生病，出现呕吐的现象。狼痊愈后，便获得了味觉厌恶学习，开始对羊肉产生厌恶感。此后，狼闻到羊肉味就觉得恶心，再也没有侵害过农场主的羊。

有许多人因为过去的生活经验而获得味觉厌恶学习，其中最典型的就是正在接受化疗的癌症患者。

研究人员针对 22 名患有乳腺癌的妇女做了一次食物偏好调查。她们将接受长达 24 个星期、8 个阶段的化疗。在化疗初期，研究人员要求她们将化疗前后吃的食物列出来，并且按照 1 到 9 的分数进行评级。1 分为非常不喜欢，9 分为非常喜欢。

在化疗进行的过程中，研究人员跟踪了她们对食物的评级。结果发现，随着化疗的进行，患者们的分数在逐渐下降。研究人员认为，化疗使得她们逐渐厌恶某种食物，说明她们已经获得味觉厌恶反应。不过，与老鼠的体验不同，人类的味觉厌恶反应完全来自经典的条件反射。

为了防止患者出现味觉厌恶，医生一般会建议化疗前不要进食，也有的医生会给年纪较小的癌症患者一些特殊的味道刺激，从而将这种味道与味觉厌恶反应联系在一起。这样的话，儿童就不会出现化疗后无法进食的情况。

心灵视窗

当暴力从荧屏走入生活

电影《古惑仔》系列曾经流行一时，影片中展现的兄弟义气、江湖道义也成为许多年轻人推崇的精神。对于青春年少、荷尔蒙旺盛的青少年来说，“扛把子”“大哥”这样的称号是极具吸引力的。不过，也有人指出，正是由于许多人都想尝尝“当大哥”的滋味，才导致了一系列的校园暴力发生。

2008 年，某中学发生一起校园暴力事件。一位高中一年级的女同学小丽（化名）遭受以班长小佳（化名）为首的12名女同学的殴打、折磨，暴行一直持续到次日天亮。

起初，小丽被小佳用拖鞋打了一通之后，宿舍内的其他女同学开始发话。“你惹佳姐生了这么大的气，我们都看不过眼了。”随后，几个女生纷纷下床，开始对小丽拳打脚踢。当有人提议“你惹佳姐生气了，你就要给佳姐跪着”，被打怕的小丽随即跪在小佳的床前。

一整个晚上，小丽被12个女生轮流折磨，失去意识之后，还会被凉水泼醒。直到天亮，伤痕累累的小丽才被允许回到自己的宿舍。

说起来，学生之间会有什么样的深仇大恨，以至于一群人共同折磨一个女孩子？然而，事情的起因不过是因为一块手表。考试中，小佳曾经向小丽借过一块手表，因为小丽只有一块，所以拒绝了她。谁也没想到，事情会发展到这个地步。

从小父亲去世、跟着母亲长大的家庭环境可能会让小佳处理问题的方式显得有些极端。不过，在事后的调查中，小佳却几度表示她很喜欢看电影《古惑仔》，并且喜欢当“大姐大”的感觉。这一点，从同宿舍同学对她的称谓上可见一斑。

其实，只要稍微留意一下电视节目，你就会发现很多频道都在播放充斥着暴力的故事情节或场面。许多家长并没有意识到，如果长期在刺杀、枪杀、打斗场面中熏陶，对孩子的行为会造成什么样的影响。

一份来自哥伦比亚大学的研究报告称，多看电视会增加儿童的暴力倾向，并且为成年后的犯罪埋下隐患。哥伦比亚大学的研究员杰弗雷·约翰逊带领他的研究小组用了18年的时间，跟踪调查了700多个十来岁的儿童，结果发现，多看电视与儿童的暴力倾向之间存在着微妙的关系。

在18年里，研究人员详细地记录这些儿童每天看电视的时间，并且对他们成年后的生活进行了全面的研究。结果发现，每天看电视超过一个小时的儿童更有可能成长为有暴力倾向的人。而对那些原本就具有暴力倾向的人来说，电视节目的影响并不大。

当然，这样确定看电视与暴力倾向之间的关系显得有些武断，毕竟构成暴力倾向的原因还有很多，如从小被家长忽视、父母教养不当、精神错乱等。西雅图儿童研究所进行的一项研究似乎更有说服力。

研究人员将565名儿童的父母分成两组，并且告知他们，研究人员将用日记的方式来追踪孩子看电视的情况。记录中，电视节目被分为三类，暴力的、说教的和亲社会的，相应地，儿童的行为则被分为具有同情心、帮助他人和不以暴力解决问题。

实验组的父母会收到节目指南，并被告知哪些节目对孩子会产生积极影响，哪些会产生消极影响。而且父母还会收到简报，并被鼓励和孩子一起看电视。对照组的父母则不同，研究人员只会建议他们改善孩子的看电视习惯。

研究人员分别在六个月后和一年后对这些父母进行了调查，结果显示，相较于对照组的孩子，实验组的攻击性行为有所降低，同时他们在社交能力上有所提高。研究人员在一年后继续调查时获得了相同的结果。

实际上，在20世纪50年代，当电视机刚刚出现、尚未融入每个人的生活时，美国议员艾斯特·科法威尔就指出，电视这种新媒体会对儿童造成影响。可是到底什么样的节目是恰当的、适合儿童观看，人们对这一问题的争论一直持续到今天。

众多心理学者已经用实验证明，观看充满暴力的电视节目的确增加了儿童出现暴力行为的可能性。美国卫生部的一份报告指出，暴力电视节目是儿童攻击性行为的主要原因。然而，对于中国来说，在采取有效措施之前，更重要的是让家长意识到电视节目中的暴力。

心理学家

性格决定命运——荣格

卡尔·古斯塔夫·荣格，1875年出生于瑞士东北部康斯坦斯湖畔一个名叫凯斯维尔的村庄。他的家族非常热衷宗教，8个叔叔都是神职人员，父亲则是一位虔诚的牧师。他曾经有两个哥哥，不过在他出生前就夭折了。

家庭中浓郁的宗教气氛培养了荣格性格中神秘主义的部分，不过当看到身为牧师的父亲只会讲述空洞的神学教条却无力面对现实时，他对基督教的期望也开始落空。在成长中，上帝的神灵离他越来越远。最终，他背离了基督教。

小时候，荣格是一个个性独特，又有些忧郁的小孩。他没有什么朋友，整天一个人待着。为此，他经常会通过幻想游戏来满足自己好动的内心。6岁之后，他一边跟随父亲学习拉丁文，一边进入学校学习，与同学之间的相处让他见识了家庭之外的另一个世界。

多年之后，荣格将那时候的自己分成1号和2号两部分。1号性格代表的是平常的荣格，每天上学、放学，专心念书、认真学习；2号性格的荣格则显得有些多疑、回避，不愿意相信别人，也不喜欢和人群接触。

12岁那年，荣格身上发生了一件非常奇特的事。那年夏天，一个同学将他推倒在地，导致他的脑部受到了剧烈的撞击。在接下来的几个月里，好像中了诅咒一般，每次回到学校面对功课，他都会瞬间昏厥。

父母对他的情况非常担心，请来了各处的医生，结果没有人想到有效的办法，甚至有医生认为他患上了癫痫。奇怪的是，荣格竟然用意志力慢慢地治愈了自己。每当眩晕的感觉到来时，他就会强迫自己看书、做功课，几个星期后，一切都恢复了正常。多年后，当荣格回忆这件事时，他将自己昏厥的原因解释为“神经官能症”。

1895年，20岁的荣格进入巴塞尔大学学习医学。大学期间，他结识了许多朋友，这些人和他一样，对哲学家叔本华和康德的思想非常感兴趣。在众多哲学家中，荣格最喜欢的就是叔本华。虽然叔本华对世界的描写略显悲观，但是非常符合荣格的想法。此外，他还特别关注神学和心理学领域，经常在朋友聚会上发表自己的看法。

1900年，荣格获得巴塞尔大学的医学博士学位。毕业后，他选择一边参加临床实习，一边学习精神医学方面的课程。不过，课程的内容并不那么令人满意。充分认识到尚未完整发展的精神医学之后，他对当时的现状非常不满，同时决定将精神医学当作人生中的研究目标。年底，他获得苏黎世伯戈尔茨利精神病院的助理医师执照，随即离开巴塞尔，前往苏黎世工作。

1905年，荣格在苏黎世大学任精神病学讲师。不久后，他辞去大学的职务，独立开业行医。与此同时，他注意到弗洛伊德于1900年出版的著作《梦的解析》，开始参加弗洛伊德的精神分析运动，也开始了两人悲喜参半的友谊。

两年后，荣格和弗洛伊德在维也纳见面。第一次相见，两人都有一种相见恨晚的感觉，他们促膝长谈，竟然持续了13个小时。两人年龄相差近20岁，却没有妨碍他们在心理学上的共识。对于荣格来说，弗洛伊德是他人生中最重要的人，同时也是改变他人生轨迹的人。

弗洛伊德非常器重荣格，亲切地称他为“我亲爱的儿子”，一心希望他能继承精神分析的事业。为此，弗洛伊德不顾众人的反对，执意推荐荣格担任国际精神分析学会的第一任主席。不过，这一切并没有阻止他们的思想出现分歧。

当弗洛伊德的人格理论开始“泛性化”时，荣格提出了不同的观点。可是，弗洛伊德用父亲式的权威告诉荣格：“永远不要放弃性的理论，我们要让它变成一种教条，一种不可撼动的堡垒。”当弗洛伊德想要为自己的精神分析事业寻找接班人时，荣格并不想放弃独立的思考，做一个听话的乖孩子，因此两人的分裂也是不可避免的。

1909年，荣格最后一次拜访弗洛伊德。当晚，弗洛伊德准备正式任命荣格为精神分析运动的继承者，不过荣格却给了弗洛伊德一个重大的打击——他试图推翻弗洛伊德的理论框架。“受封仪式”以两人尖锐的争论告终。最后，桑德·法兰兹发表了一份声明：荣格正式不再信仰弗洛伊德，两人的分裂被公之于世。

告别弗洛伊德时，荣格39岁。那一年，他开始走入人生的死胡同。朋友、同事纷纷背叛了他，科学书籍也引不起他的兴趣，他陷入抑郁的情绪中，甚至感觉到众多鬼魂聚集在他家中。

1913年，荣格辞去《国际精神分析年鉴》主编的职务，第二年辞去国际精神分析学会主席的职务，然后又退出了学会。放下关于精神分析的一切后，荣格开始到各地旅行。从小的宗教熏陶使得他能够毫无障碍地接受世界各地的宗教，于是开始着迷于中国的道教、佛教和西方的炼金术，并从宗教的角度开始分析心理学。

他发现道教和炼金术与他的心理分析有一个共通之处，就是调和有意识的自我与无意识的心性。1916 年，荣格在巴黎发表了一次演说，主要谈论自我和潜意识之间的关系，后来他将演说的观点写成《心理类型》一书。在书中，他系统地阐述了自己的观点，以此来证明他和弗洛伊德、阿德勒之间的区别。

与弗洛伊德不同，荣格将心灵的结构分为个人意识、个人潜意识、集体意识和集体潜意识四个部分。荣格所指的“潜意识”包括弗洛伊德所说的“前意识”和“潜意识”两个部分。

对于社会心理学来说，荣格提出了一个至关重要的概念——集体潜意识。在他看来，就像每个个体积累、保存个人的生活记忆一样，作为人类这一种族，个体也会在潜意识中存放人类进化的所有经验。它会按照遗传的方式继续保存下去，并且成为社会行为的一个基础。

晚年的荣格隐居在苏黎世湖旁，住在自己设计的塔楼式房屋中，继续为人们的精神矛盾找寻答案。1961 年，在生命的最后一天，荣格喝下了一瓶葡萄酒，安然地在家中去世。

第八章

记忆

U 盘、移动硬盘都可以装载海量的资料，但是人们往往忽略自身携带的一个无限量、超大硬盘——大脑。大脑中负责存储的就是记忆。当然，即使大脑容量很大，却并非永久保存，因为它和电脑一样，具有“磁盘整理”和“内存优化”的功能。

短期记忆的魔法——组块

如果有人在你面前展示“普通心理学”一词，你会用什么样的方式记住它呢？一般情况下，对于心理学者来说，他会看到一个完整的词汇“普通心理学”，因为这是心理学者必修的一门专业课；对于略懂心理学的人来说，他可能会看成“普通”和“心理学”两个部分；对于完全不懂心理学，或者刚刚接触组合词汇的小学生来说，他可能会看作“普”“通”“心”“理”“学”五个字的组合体。

至于为何会如此，我们可以先看一下认知心理学家乔治·米勒的研究。

在20世纪60年代，心理学家关于记忆的分类完全按照记忆内容保存的时间长短来判断，主要是保持两秒以下的感觉记忆、保持15秒以下的短时记忆和可以保持一个小时以上，甚至终身的长时记忆。

虽然人们非常清楚，在这三种记忆中，短时记忆对整个记忆过程非常重要，但是尚且没有找到更确切的观点和证据。直到1956年，乔治·米勒发表了一篇名为《神奇的数字7±2：我们信息加工能力的局限》的研究报告，才彻底改变了这一局面。

当时，米勒做过一个实验，他给出一行杂乱无序的数字，要求被试尽可能多地记住并且默写出来。实验的结果显示，被试最少能够默写出5个数字，最多能默写出9个数字。为什么被试的成绩会徘徊在5和9之间？这一结果引起了米勒的兴趣。

通过进一步的研究，米勒终于发现，原来5到9之间的任务量是短时记忆的容量法则。也就是说，在短时记忆内，人们平均只能记住7个项目，无论是7个数字，还是7个地名，短时记忆的量都不会继续增加。这个规律后来被称作“神奇的7±2法则”。

有趣的是，这7个项目的容量却是可以无限增大的。比如，给出一串无意义的数字：2471530121987。如果单个记忆这13个数字，按照记忆的容量，人们最多只能记住9个，就会有4个被遗忘。按照“7±2法则”，我们可以将“24”看成24小时，将“7”看作一个星期，“15”看作半个月，“30”看作一个月，“12”看作一年，“1987”则恰好是一个年份，这样的话，原本的13个记忆任务就变成6个，记忆容量完全可以承担，一串数字也就轻松记住了。如果“247153”或者“121987”是你的银行卡密码，记忆起来就更加容易了。

像“24”“15”“1987”这种被拆分出来的项目，被米勒命名为“组块”。它是一个有实际容量的单位，只不过容量的大小并不是一成不变的。如果记忆项目之间的联系紧密，甚至可以缩小为一个组块，每个组块的容量就会变大，相对应地，数量就会变少。比如，19190504。对于不了解历史的人，它是一串由8个数字组成的记忆项目，了解历史的人就会知道，这是五四运动爆发的时间。一瞬间，原本由8个组块构成的记忆项目就变成了1个，记忆任务也会减轻许多。

米勒这一概念的提出，终结了心理学研究多年来由行为主义统治的局面。心理学家开始重新关注心理过程，也开始关注刚刚兴起的认知心理学派。同时，组块的概念也很快进入人们的生活，尤其是学生的生活，成为帮助学习、提高记忆能力的一个重要方法。

在学生的课业中，记忆单词应当属于最令人头疼的。幸运的是，利用组块的方式来记忆却可以有效地减轻学生识记单词的困难，节省时间和精力。比如，如果一个字母一个字母地记忆“Mississippi”需要记住11个组块，但是如果将其分成Mi–ssi–ssi–ppi，则只需要记住4个组块，大大提高了记忆的效率。

记忆隐隐存在

《初恋50次》是一部充满惊喜与感动的电影，夏威夷的浪漫沙滩和纯情、感人的故事，让它成为2004年风靡全球的爱情喜剧片。

电影中的女主角露西因为车祸损伤了大脑，导致她的短时记忆丧失。因此，她每天醒来之后都会回到车祸发生的那天，从而忘记之前发生的所有事。最令人动容的是，即使如此，男主角依然对她不离不弃，并通过录制视频、写便笺、准备照片等方式不断提醒她之前发生过的事情。

不要觉得这只是发生在银幕上的爱情童话，在现实生活中，一对英国夫妇每天都在上演《初恋50次》的剧情。

妻子的名字叫作米歇尔·菲尔波茨，她曾经先后遭遇过两次车祸。

车祸的撞击导致她的大脑受损，并且渐渐患上了短时记忆丧失症。从此之后，她只记得 1994 年之前发生的事，就像露西一样，每天早上醒来，她都会将前一天的事情忘得一干二净。而她的丈夫则需要每天拿出照片，向她证明他们已经结婚，他是她的丈夫。

剑桥大学的神经科医生说，米歇尔患上的遗忘症属于顺行性遗忘症，即她会忘掉某个时间点之后发生的事，而之前的记忆却保存完好。虽然顺行性遗忘会让人很快忘掉刚刚做过的事，但不会影响人的行为举止。而且顺行性遗忘的患者完全没有烦恼，任何在别人看起来枯燥、无聊的事，他们都会像第一次遇到一样，快乐地面对。

按理来说，相对于米歇尔和露西这种顺行性遗忘症患者，那些患上逆行性遗忘症的人似乎要痛苦得多。因为他们往往会丧失之前所学的知识和技能，即使是三四十岁的成年人，也需要重新学习生活技能，重新认识身边的朋友和亲人。

不过，心理学家研究发现，即使逆行性遗忘症患者丧失大部分的外显记忆，他们的内隐记忆也隐隐存在，而且会在无形中指导病人的行为。

1960 年，一位名叫尼克的年轻人经历了一次意外的脑创伤。当时，作为空军雷达技术员的尼克正坐在桌子旁边，而他的同事在玩一把钝头剑。当他站起来转过身去时，同事正在做一个刺杀的动作。于是，钝头剑从尼克的右鼻孔插入他的左侧大脑。

这次事故使得尼克丧失了方向感，同时也患上了遗忘症。他忘记了许多刚刚发生过的事情。如果他在看一份报纸，当读完最后一句时，开篇的第一句话他已经不记得了。当尼克成为遗忘症研究的被试之后，研究人员发现，实际上他并没有忘记所有的事情，他仍然记得做一些事情。

比如，他不记得一道菜的配料是什么，但他却能按照菜谱的要求将食物混合、搅拌、熏制。也就是说，他大脑中负责外显记忆的部分受到损伤，但是负责内隐记忆的部分仍在工作。虽然有些时候，它们已经丧失外显的功能。

回顾人们研究记忆的历史，人们对遗忘症的研究似乎早已经悄悄开始。

1845 年，一位英国医生第一次报告了自己对遗忘症患者的观察。一位由于溺水时间过长导致大脑损伤的妇女患上了遗忘症，奇怪的是，她已经无法记住做衣服的过程，却学会了裁剪布料的手艺。

到了 1887 年，心理学家克萨克夫等人报告了对遗忘症患者的研究。他的研究对象是那些由于长期酗酒造成海马受损进而患上遗忘症的人。在实验中，克萨克夫使用词干补全的方法，以测验遗忘症患者的记忆能力。结果表明，病人能够顺利完成词干补全的测试，却无法完成线索回忆的测试。

实验证明，长期酗酒的人不仅会导致神经系统受损，还会表现出记忆受损，即遗忘。不过，病人的损伤仅仅影响了外显记忆，他们的内隐记忆却依然保存完好。由于克萨克夫针对遗忘症患者的无意识记忆提出系统的理论，后人将遗忘症命名为“克萨克夫综合征”。

1968 年，英国神经心理学家沃林顿和韦斯克兰茨首先研究了遗忘症患者的内隐记忆。他们的研究表明，即使是深度遗忘的患者，他们的内隐记忆也会保存完好，甚至长时间存在。

在实验中，研究人员给遗忘症患者进行了一些间接测试，如残图识别、词干补全测验等。结果显示，当研究人员使用词根作为线索时，遗忘症患者能够记忆之前学习的词表；当使用词段作为线索时，病人的成绩就无法保持在正常水平。

实际上，以词根作为线索的测验与内隐记忆相关，以词段作为线索的测验则与外显记忆相连。很显然，在遗忘症患者身上的外显记忆遭到了破坏，但是内隐记忆却并未受到影响。

遗忘从记忆开始

人的大脑就像一个容量巨大的宝库，所有经历过的事情、思考过的问题、体验过的情感通通都被装进去，成为人们的记忆。不过，在我们记住许多事情的同时，也会忘记许多事，哪怕是“我是谁”这样重要的信息，在特定的环境下也会被忘记。

尽管遗忘对我们来说已经像家常便饭一样普通，但是究竟我们是怎样忘记的呢？大脑的工作机制从记忆转向遗忘，会经历哪些细胞活动和大脑回路呢？

2012 年，来自佛罗里达的科学家们发现，遗忘并非大脑受客观环境所迫，而是一个主动的过程。

在以往的认知经验中，人们一直觉得自己是被动遗忘的，即由于信息不畅、记忆不够深刻、无法提取记忆信息等原因而导致遗忘。但是，这次研究的领头人罗恩·戴维斯说，遗忘是一个主动的过程，甚至有可能是记忆之初就形成的机制。

为了证明这一观点，戴维斯等人对果蝇进行了研究。研究人员训练果蝇去识别与正性结果和负性结果相关的气味。正性结果一般为食物，负性结果是电击。随后，研究人员观察果蝇记住正性结果、躲避负性结果时大脑内部发生的变化。结果显示，果蝇的大脑通过利用多巴胺对神经元的影响来调节记忆的获得和遗忘。

果蝇在形成新的记忆时，负责遗忘的多巴胺始终存在。只有当记忆内容非常重要的时候，遗忘机制才会将其保留，否则遗忘机制会迅速将其抹去。在记忆的过程中，如果没有进行后期的巩固，那些新鲜的、尚未被强化的记忆就会被遗忘。

这一新的发现让人感到非常振奋，不过戴维斯却表示，生物本身从来都不会被动地完成某一过程，永远都是一边致力于创造，一边进行着搞破坏的行动，遗忘也不例外。

这一研究让人们重新定义那些记忆超群的人士。戴维斯说，那些在特定领域有着超常记忆力的人可能并不是天生记忆力惊人，只是他们大脑的遗忘机制太差。从另一个角度来说，那些记性差的人也并非记忆力出了问题，可能只是遗忘机制的工作效率较高。因此，科学家正在致力于开发阻断遗忘的药物，以此来解决人们的记忆问题。

实际上，早在科学家通过脑结构来研究记忆和遗忘之前，人们已经尝试着了解其中的奥秘。只不过，在脑科学尚不够发达的 19 世纪，研究者更倾向于在行为上改变人们的记忆习惯，从而阻断或者延缓遗忘的过程。

1885年，德国心理学家艾宾浩斯发表了他的研究报告。他将自己的研究目标放在深层的心理过程——记忆和遗忘，并且发现了遗忘的规律。针对这一规律，他绘出一条横轴代表时间、竖轴代表记忆量的曲线，这就是著名的艾宾浩斯遗忘曲线。

我们知道，按照记忆时间来分，人的记忆有短时记忆和长时记忆。当外界的信息进入大脑之后，会首先成为短时记忆。短时记忆保持时间较短，最多持续一分钟左右。在这段时间里，如果不进行及时的复习，刚刚记住的东西很多就会被遗忘。相反地，如果经过及时的复习，短时记忆就会转变为长时记忆，从而得以在大脑中长时间地保存。

这时，你或许会产生疑问，既然短时记忆已经转变为长时记忆，为什么还会发生遗忘呢？艾宾浩斯并没有打开动物的大脑，观察其中的电位变化，研究遗忘的生理基础。他将注意力集中在遗忘的过程上，把自己当作被试，通过记忆一些根本无意义的音节来寻找遗忘的规律。

艾宾浩斯的遗忘曲线告诉我们，学习中的遗忘是不均衡的，但是有其规律存在。在记忆的最初阶段，遗忘的速度很快，如果不及时复习，记住的东西只会保留原来的1/4。随着时间的变化，遗忘的速度会逐渐减慢，很长时间之后，几乎就不会遗忘。简单来说，遗忘过程遵循着一个“先快后慢”的原则。

针对这一规律，我们可以有效地应对学习中的遗忘问题。学习新知识一天之后，需要马上进行复习。几天之后，还需要时不时地进行复习与检测。保持不间断复习的过程，直到记忆内容深深印刻在大脑中，记忆的内容才能长久保留。

心灵视窗

百度能够对抗人脑吗

不知道你是否已经养成这样的习惯，当脑子里产生一个想不清楚的问题时，第一个想法就是“百度一下”。当你手里拿着冬瓜和银耳，却不知道如何将它们变成一锅美味的汤时，朋友也会建议，“别费脑筋了，百度一下吧。”

科技改变人们生活的同时，也让人类从结绳记事的时代走入互联网的时代。21世纪，因为有百度、谷歌这样的搜索引擎存在，将互联网变成人脑，至少它承载的记忆量正在逐渐胜过人脑。

哈佛大学的一项研究发现，作为人类体外的记忆体，谷歌正在改变大脑的记忆功能。人们开始不记得资料内容的细节，只记得在哪里可以找到这些资料。

哈佛大学的研究人员针对这一问题做了四项测试。第一项，测试被试对电脑相关字的认识是否比其他字快；第二项，测试被试是否记得即将用到的资料中的细节部分，而不会记得不再用到的资料；剩余两项测试则针对被试是否只记得搜索的位置而忽略资料的细节。

结果显示，人们对于那些不会再用到的资料记忆缓慢，甚至干脆就不再记忆。反之，对于即将用到的资料记忆良好。此外，如果人们通过互联网查找资料，往往都只是记得资料的位置，而不会过多关注资料本身。更有趣的是，每天上网的人已经忘了在没有互联网的时代要怎样搜集资料。

研究人员称，互联网完全改变了人们思考问题的方式以及记忆的方式。当人们遇到难题，往往第一时间到网上找答案。于是，像百度、谷歌一类的搜索引擎就成为大脑的外部存储卡，装载了原本应该由大脑记忆的大部分内容。

从测试被试的结果中发现，人们的思维已经开始变化，甚至无法长期将注意力集中在一个地方，如被试已经无法顺利地读完《战争与和平》这种大部头的小说。美国技术专家卡尔在他的新书中指出，互联网正在重组我们的大脑。

和存储着大量图书、新闻资料、电影剧本、文选甚至《世界百科全书》的搜索引擎相比，人脑似乎一直处在弱势的位置。互联网不仅记载了海量的信息，还能够通过关键字搜索瞬间找到需要的结果，这一速度要比在书堆里查资料快上成千上万倍。不过，和百度搜索的速度相比，人脑从记忆中提取信息的过程似乎效率更高。

举例来说，当有人问你“是谁提出组块的概念”时，如果对此非常了解，你就会瞬间给出一个正确的答案——乔治·米勒。就算你对这一概念毫无了解，也会给出一些风马牛不相及的答案，如达尔文、马克·扎克伯格等，不管怎样，你知道答案应该是一个人的名字。

可是，当我们在搜索引擎中键入“是谁提出组块的概念”这一问题时，百度（baidu.com）给出的第一个网页是“世界卫生组织提出的健康新概念是哪四个”，谷歌（google.com.hk）给出的答案是“2010 年考研制胜法宝：信息组块记忆法”。

看到这一结果，你是否会会心一笑呢？搜索引擎给出的结果竟然和人脑思考的结果南辕北辙！如果你想继续通过搜索引擎找到答案，就必须修改关键词，如将“是谁提出组块的概念”改成两个关键词“组块、记忆”，这样才有可能找到你想要的答案。同时，这也要求提问者具备心理学的知识背景，提前用大脑将“组块”这一概念归类到“记忆”的范畴中。

从这一点来看，不得不说人脑在提取记忆信息的过程中技高一筹。其原因在于，人脑在检索一条记忆信息时会通过上下文的联想、词语的含义来找寻目标信息，网络搜索却依赖于关键词的键入。因此，即使你键入“创造”而不是“提出”，结果也会大相径庭。

如果你一直因为电脑的优越性而觉得不自信，至少这一点，会让你觉得大脑依然优于电脑。除非哪一天，人工智能卓越到能够模拟大脑的思维模式进行工作，否则这一优势将一直保持下去——百度是不可能和人脑对抗的。

心理学家

遗忘曲线之父——艾宾浩斯

赫尔曼·艾宾浩斯，1850 年生于德国普鲁士莱茵省巴门市的一个富商家庭。早年他在当地接受基础教育，17 岁进入波恩大学学习历史和哲学。由于家境殷实，他的一生都非常顺利。

大学期间，艾宾浩斯的兴趣在于哲学。大学三年级时，普法战争爆发，艾宾浩斯应征加入普鲁士军队。一年后战争结束，他转入哈雷大学和柏林大学继续研究哲学，并于 1873 年获得波恩大学的哲学博士学位。

以后的七年间，他外出旅行，在柏林、英国、法国等地做独立的研究。一个偶然的机会，让他的兴趣从哲学转向科学——1876 年，艾宾浩斯在巴黎的一个书摊上买了一本二手的《心理物理学纲要》。

16 年前，实验心理学的先驱费希纳通过这本书开创了心理物理学，试图通过函数关系来讨论心理量与物理量之间的联系。费希纳的研究方法给年轻的艾宾浩斯提供了灵感，他决定像费希纳那样，用严格的数据来研究人的心理。连他自己都不曾想到，他的这一决定从此左右了实验心理学的命运。

实际上，自从冯特建立心理学实验室开始，心理量已经被放置在物理测量的范围内。不过，冯特的研究仅仅停留在感觉、知觉这些浅层的心理过程上，他甚至认为，像记忆、思维和想象这种高级的心理过程是不可能被测量的。

费希纳在《心理物理学纲要》中确立了心理量与物理量之间的关系，这给艾宾浩斯很大的鼓舞。此后，他回到德国，开始了关于记忆的研究。当时，艾宾浩斯没有大学职位，也没有专门进行研究的设备和实验室。于是，他就用自己做被试，独立进行实验。他用五年的时间完成了一系列有控制的研究。

为了排除过去经验对记忆的影响，艾宾浩斯发明了一种无意义音节。他将罗马字母随意组合，如 MUY、KIR、DEQ 等，组成一个一个没有实际意义的记忆项目。他将这些无意义音节写在卡片上，每 20 片分成一组，依次读过一遍、默写一遍，再读、再写，直到能够完全默写出来。几日后，他取出同一组卡片，继续默写，以此测试记忆量的变化。根据记忆量的变化，他绘制了著名的“艾宾浩斯遗忘曲线”，揭示出遗忘的规律。

在冯特建立心理学实验室之后，艾宾浩斯成为真正用实验法研究心理过程的科学家。毫不夸张地说，现代实验心理学之所以能有今天的成就，都要归功于艾宾浩斯的研究。如果不是他率先踏入实验心理学的禁地——高级心理过程领域，后来的心理学家们或许依然裹足不前，停留在研究感觉和知觉的表层上。

1880 年，艾宾浩斯受聘于柏林大学，并且在那里重复和验证了他的早期研究。后来，他出版了《记忆》一书，将关于学习、保持和回忆的一系列研究收录其中，这本书虽然篇幅有限，但是每个实验都设计得很好。在实验心理学史上，这本书也成为卓越的研究成果之一，开创了心理学研究新的领域。

1885 年之后，艾宾浩斯没有继续研究记忆，发表的著作也相当少。他被柏林大学提升为副教授之后，在校内创建了一个心理学实验室。不过，由于缺少更进一步的研究和著作，他在柏林大学再也没有得到提升。

后来，他和物理学家柯尼希合作创办了《感觉器官的心理学和生理学》杂志，当时的编辑赫尔姆霍茨、黑林、缪勒、斯图姆夫等人后来也成为现代实验心理学的重要人物。

1894 年，艾宾浩斯应聘于布雷斯劳大学，由于他的学术资历不够，只能担任较为低级的职务。同年，艾宾浩斯在布雷斯劳大学创建了一个心理学实验室，在那里一直工作到 1905 年。其间，他发展了句子填充实验。这一实验也是研究人类高级心理过程的测试，算是智力测验的开端。

1905 年，艾宾浩斯离开布雷斯劳大学，前往哈雷大学任教。在那里，他将原有的实验室加以扩充，继续进行研究。三年后，他出版了《心理学概论》一书，开篇的一句“心理学仅有短暂的历史，却有着漫长的过去”

成为概括心理学史的经典名言。

1909 年，这位著作不多、缺乏系统理论，但对心理学发展产生重要影响的心理学家因为肺炎病逝，享年 59 岁。普通大众对于艾宾浩斯的理解仅限于他绘制的遗忘曲线以及遗忘规律，但对于实验心理学来说，他则是敢于进入真正心理学问题领域的第一人。

第九章

个体发展与智力

是什么造就了今天的你？失败者会说，是贫困的童年、孱弱的身体和坎坷的人生际遇；成功者会说，是多年的奋斗、千载难逢的机遇和贵人相助。心理学家则会告诉你，造就你的是漫长的童年期，是父母的家庭教养，是整个社会环境。

不可忽视的童年期

处于童年期的儿童，通常被视为不懂事的孩子，对人际、情感的认知不够，因此，父母总会有一种心理预期：等孩子长大了，自然就懂事了。即使对那些性格显得有些沉闷、冷漠，或者经常哭闹的孩子，父母也会这样认为——等待时间来解决问题。

对于儿童来说，他的心理世界恍如一张白纸，因此生活中发生的任何事件都会成为他对世界的第一印象。尽管父母在吃、穿、用方面给予充分的满足，如果出现对儿童的支持不够、情感的缺失、家庭暴力事件等情况，仍然会给孩子带来深刻的印象。即使20年后，他们成年了，也可能一直被早期的创伤困扰，处在心理上的童年阶段。

在众多关于童年创伤的电影中，《致命ID》可以算是观赏效果和社会价值兼顾的经典作品。主人公麦肯·瑞夫小的时候，作为妓女的母亲曾经长期将他锁在空置的房子里，而且会打他、虐待他。有一天，他突然在楼梯上看到一个原本不存在的男子。后来，这个男子成了小男孩的邪恶灵魂。

长大后，小男孩长成了一个胖子。随着年龄的增长，他的身体里相继出现了 11 个人格。他们相继控制着麦肯·瑞夫的身体，左右着他的行为。四年间，他在汽车旅馆里残忍地杀害了六个人。

心理学家一度相信，他的残忍来自分裂出来的其他人格，并且为他极力争取无罪释放。然而，在一系列的心理测试后，心理学家才发现，控制麦肯·瑞夫杀人的就是幼年时由于遭受母亲虐待形成的邪恶人格，也就是他自己。

作为一部电影，《致命 ID》在情节上难免会做出夸大的处理，从而使故事产生推理、悬疑的效果，让观众体验到故事之外的惊喜感受。不过，现实往往比电影来得更悬疑，更有戏剧性。在现实中，真的存在由于童年期的创伤导致多重人格的例子，其中最著名的莫过于同时兼具 24 个子人格的“比利”了。

“比利”的原型名叫威廉·密里根，是美国一名犯下重罪却被判无罪的嫌犯。他曾经 4 次抢劫、3 次强奸、4 次伤害他人，但是当被警察逮捕之后，他竟然对所有的罪行毫无记忆。之所以他会被判无罪，正是因为他是一个多重人格患者。更重要的是，做出犯罪行为的并不是他的核心人格。

由于从小受到继父的侵害，导致“比利”在核心人格的基础上相继分裂出不同的人格。他们不仅年龄不同、性别不同，甚至来自不同的国家、民族。平时“比利”都是以一个名叫亚伦的人格出现，和周围人沟通并进行社会交往。

作为核心人格的“威廉”则从 16 岁开始就被隐藏起来。只要“威廉”一出现，他就会觉得自己好像做了错事一样，并且多次产生自杀的想法。直到入狱治疗期间，在心理医生的治疗和家人的支持下，真实的“比利”才勇敢地站出来面对一切。

综观世界上所有多重人格的案例，无不归咎于不安定的童年——虐待、性侵犯、目睹亲人死亡和家庭暴力。当儿童对世界知之甚少的时候，他无法承受，也无法反抗，于是就会出现其他人格来代替软弱的自己，承受这些伤害或者站起来反抗。

实际上，像“比利”这样分裂成24个子人格的案例非常罕见。即使是多重人格这种心理疾病，在人群中出现的概率也非常低。那些未曾遭遇过严重心理创伤，但是情感上被父母忽视或者父母教养方式不当的孩子，虽然不至于发展到分裂出多重人格的地步，但是他们比较容易出现性格上的问题，如软弱、回避人群、社会退缩等。这些人格特点尚且没有上升到临床病症的地步，但依然会影响正常的生活。

对此，心理学家阿玛斯提出“坑洞”理论。他认为，童年的创伤经验会在内心留下一个“坑洞”，父母的不够重视让孩子觉得自己不重要，于是就会遗留下一种类似坑洞的匮乏感。在未来的人际交往中，内心存有“坑洞”的人会寻找特定的对象来弥补这种情感的匮乏，如交友、恋爱。

可是，一旦他人与自己建立紧密的联结，从对方那里感受自己的价值时，这种关系，朋友也好，情侣也罢，都会变得非常脆弱。一旦关系结束或者对方死亡，原本的“坑洞”就会重新出现。这一次，人们往往需要承受更大的创伤和痛苦，失去更多的爱、安全感和意志力。

当托儿所代替父母教养

过去几十年的时间里，社会发生了巨大的变化，相应地，家庭中也发生了变化。在心理学研究介入社会发展初期，心理学家喜欢研究父母教养方式、亲子关系、母亲对孩子成长提供的情感支持等。可是，社会结构的变化让许多原本待在家里的母亲开始外出工作，孩子的成长环境发生了巨大的变化，心理学家的研究领域也在随之改变。

对于那些父母都需要外出工作的家庭，如果有了宝宝，最常见的办法就是将孩子送入托儿所，交由专业的老师代为照看。父母会觉得，在托儿所中，孩子能够接受专业的训练，无论是智力还是社会能力都能得到很好的开发。然而，父母努力赚钱，想要给孩子提供更好的生活环境、求学环境，却往往忽略孩子成长中最关键的部分——情感需要。

澳大利亚的一项研究指出，那些过早离开父母、在托儿所中成长的孩子更容易发展出攻击性人格。当他们成年后，还会遭遇人际关系问题，对他人缺乏信赖，不容易和别人建立密切的关系。严重的话，还可能出现反社会行为。

或许有人会问，父母和孩子的关系真的如此重要，甚至严重到一旦缺失就会影响孩子的一生？事实的确如此。在孩子出生后的18个月里，大脑的情感功能迅速发展，这时父母与孩子之间的依恋关系成为培养这种能力的关键。一旦错过这个机会，或者由其他人代替父母的角色，则会影响孩子成年后的情感发展。

对此，心理学家哈罗曾经用恒河猴做过一个依恋实验，以此证明，孩子成长需要的不仅仅是生理上的满足，如温饱、舒适的环境等，他们更需要来自父母的关爱和庇护。

在人工哺育幼猴的过程中，哈罗发现了一个有趣的现象。幼猴非常喜欢趴在笼子底部的棉花垫子上，研究人员每次清洗垫子时，它们都会非常生气，表现出狂躁、不安。然而，当研究人员从幼猴的嘴里拿走奶瓶时，幼猴却只是舔舔嘴或者擦一下残留的奶水。

由此，哈罗认为除了基本的满足，幼猴还需要接触一些柔弱的物质以满足心理的需要。为了验证这个想法，哈罗和他的同事设计了关于依恋的实验。

哈罗设计了两种类型的“母猴”，一只“母猴”用光滑的木头做身子，身体内安装一个提供温暖的灯泡，然后用海绵、毛织物等柔软的东西将它包起来，胸前安装一个奶瓶。另外一只“母猴”则用铁丝网制成，除了没有用柔软的东西包裹起来，和木制母猴丝毫不差。

研究人员选择 8 只幼猴，并将其随机分成两组，一组由木制母猴喂养，一组由铁丝母猴喂养。不过，两只“母猴”所在的笼子是相通的，幼猴可以随意进出。在幼猴出生后的 5 个月时间里，实验人员分别记录了幼猴和两只“母猴”相处的时间。

在实验初期，幼猴会到两只“母猴”那里寻找食物，时间几乎是各占一半。随着时间的变化，幼猴更喜欢身上缠着绒布的“母猴”，对于从铁丝母猴那里寻找食物的幼猴来说，它们渐渐地只是去寻找食物，吃饱之后就会迅速回到木制母猴身边，拥抱或者玩耍。有时候，它们甚至愿意为了和木制母猴相处久一点而忍受饥饿。

由此，哈罗得出结论：幼猴对母猴的依恋不仅仅来自生理需要的驱动，接触安慰的影响更重要。推论到人类身上，母亲可以提供给孩子充足的食物和安全感，同样能够提供充分的接触安慰，帮助孩子建立情感上的安全感。而这些，是受过专业教育的老师永远无法提供的。

为了进一步证明幼猴对木制母猴的依恋，哈罗对幼猴进行了恐惧实验。就像孩子一样，当他们感到恐惧时，会迅速地寻找母亲以获得情感上的安全感。对于幼猴来说，是否也一样呢？哈罗在幼猴的笼子里放入许多能引起幼猴恐惧的玩具，如上了发条的打鼓熊，然后观察幼猴的反应。

每当幼猴面对打鼓熊时，它们就会迅速地跑向木制母猴，抱着它以获得安慰和庇护。无论它们是由木制母猴喂养的，还是由铁丝母猴喂养的。随着年龄的增长，这种反应变得越来越强烈。

从哈罗的实验可以推知，孩子在成长初期，对于母亲的依恋是多么重要而关键。无论是由保姆照顾、亲戚照顾或者托儿所老师照顾，都无法满足孩子在情感上的需要。澳大利亚儿童教育学家比杜尔夫说：“任何托儿所，即使是世界上最好的托儿所，也无法替代妈妈。”

对于两岁以下的孩子来说，不仅需要固定的人员养育，还需要更多的专注和关心。一对一的教养能够满足婴儿的生理需要，同时也会满足他们对游戏、呵护的需要。虽然这个年龄段的婴儿对世界缺乏足够的认知，但是他们对情感的需要却异常强烈。

在托儿所中得不到情感互动的孩子往往会产生恐惧感，无法体会到家庭的温暖，于是他们会表现出烦躁、哭闹、缠着大人不放。长期下去，对孩子的心理发展会产生严重的影响。

如果你是一个初次为人父母的年轻人，不妨回头看看自己的宝宝，他是否每天哭着、闹着要你陪？是否对上托儿所这件事特别抗拒？是否显得焦躁，喜欢动手伤人？如果真是这样的话，你就要考虑重新选择教养孩子的方式了。

天才与疯子只有一线之隔

当有人问你，谁具有特殊的创造力时，你头脑中第一个出现的人物是谁？可以想见，你的答案一定来自你最熟悉的领域，如心理学者会第一个想到弗洛伊德，学音乐的人会第一个想到贝多芬，艺术爱好者可能会想到毕加索。

你是否想像这些艺术家、大师一样，拥有非凡的创造力和想象力？你又是否挖掘过这些人的性格、成长经历，寻找通往天才的捷径呢？实际上，许多心理学家早已考虑这个问题，并且试图发现这些人的人格和背景，从而找到他们的创造力来源。

来自都柏林圣三一学院的精神病学家迈克尔·菲茨杰拉德教授研究了 21 位世界知名的艺术家和作家，结果发现，疯子和天才之间具有某种相通性。作为一个阿斯伯格综合征患者，菲茨杰拉德发现了历史上同样患有这种疾病的天才们。

阿斯伯格综合征是一种社交障碍。相较于自闭症患者，阿斯伯格症候群保有语言和认知能力，但是往往具有异常的兴趣，无法与人进行肢体互动，语言表达也常出现异常。不过，阿斯伯格症候群并不需要接受治疗。

菲茨杰拉德教授研究了贝多芬、乔治·奥威尔、刘易斯·卡洛尔等人，结果发现他们都是某种程度上的阿斯伯格症患者。作家刘易斯·卡洛尔写作了著名的童话《爱丽丝漫游奇境记》，在现实中，他却经常拿着茶杯在室内不停地绕圈，一定要将茶杯晃动到一定次数才会停下来。写作未来小说《1984》的乔治·奥威尔经常行为乖张，对妻子冷淡，甚至存在受虐倾向。

熟悉牛顿的人会知道，他除了是一个发现万有引力的科学家，还是一个异端教徒。他终身沉溺于炼金术，是一个自私、狭隘又难以相处的人。如果牛顿生活在今天，即使他的学问非常大，你也一定不会选择他当朋友。

用精神病学分析这些具有想象力和创造力的艺术家之后，菲茨杰拉德得出结论，即患有阿斯伯格综合征的人能够拥有超常的艺术创造力和高超的数学天赋。头脑中的某些遗传因子导致他们具有异于常人的想象力，同时，从人际交往中被放逐的经历也成为他们创作的智慧来源。

成绩好不代表智力过人

新学期开学，望子成龙、望女成凤的家长又开始为了孩子的学习成绩忙碌起来。一旦遇上考试，家长总是显得比学生还要紧张。二年级的儿子考了 70 分，爸爸就紧张兮兮地带他去找医生、查智商、做心理测试，生怕孩子的脑子出了问题。

家长之所以这样做，正是基于一个默认的心理预期：智商高就能成绩好，成绩不好一定是智商出了问题。实际上，就像前文提过的，随着人们对智力研究的深入，智商发育的真相已经被慢慢揭开。如今，简单的 IQ 已经无法全面衡量一个人的智力。

传统的理论认为，人的智力是单一的，是一种可量化的能力。随着认知心理学的发展，人们在开发电脑的基础上开始重新审视自己的大脑，并且渐渐拓宽视野，看到了除学习能力之外的其他智力。

耶鲁大学的心理学教授斯滕伯格认为，智力是一个复杂的系统，必定包含许多层次。于是，他提出了三元智力理论。三元智力，顾名思义，智力是由 3 个部分组成的。他认为智力不仅仅包括人们一般认为的学习智力，还包括经验智力和情景智力。

十几年后，斯滕伯格在原有的 3 个层次上进行了补充，添加一个新的概念——成功智力。他认为，人作为有机体在社会中生活，需要这 4 个方面智力的共同作用。不同的智力互相协调，才能发挥出个体的才能。

此后，斯滕伯格没有继续发展他的智力理论。当然，他也不曾想到，或许智力不仅仅是三元、四元，可能还会有七元、八元。美国心理学家加德纳的多元智力理论就印证了这一观点。

在加德纳看来，智力的内容非常广阔，它具有多个独立存在的系统，并且彼此之间互相作用。比如，言语智力负责阅读、会话、写文章；空间智力负责辨别方向，查阅地图和绘画；人际智力负责理解他人的行为、与周围人和睦相处等。

由于多种智力的组合不同，人们表现出来的特点也会大相径庭。因此，任何一个单一的评价标准都是片面的。就像人们无法区别政治家丘吉尔和篮球运动员乔丹谁更聪明，无法判断马拉松选手和短跑运动员谁更出色一样，单凭一张70分的成绩单，根本说明不了孩子的智力水平。

智商领域的研究者曾经做过一次规模庞大的智力研究，最后发现，智商测试远远不能满足对一个人的智力测验需要。在某种程度上，它是相当没有意义的。

这次研究招募了10万多名志愿者，他们需要完成12项与计划、推理、记忆相关的测试。随着测试的进行，研究人员发现牵涉智商的因素太过复杂，根本就无法通过一次简单的测试进行测量，更不可能用一个数字完全代表。

在实验中，西安大略大学的科学家负责测试被试的大脑反应。结果发现被试在进行不同测试时，大脑的活跃区域也不尽相同。也就是说，无法凭借脑电波的数据来证明人的智力高低。

西安大略大学的神经科学家阿德里安·欧文博士表示，当有10万人参与到智力测验中，根本找不到一个统一的概念来评价智力的高低。在最后确定的三个维度中，短期记忆、推理和语言能力成了此次测验影响智力的因素。不过，对于来自不同文化、年龄段和教育背景的人来说，仅仅三个因素是远远不够的。

一位来自英国的合作研究者说："实验已经证明，那些将大脑简化到一个数字的智商测试已经变得毫无意义。"智力是一部非常复杂的机器，就像奥运会的比赛项目一样，跆拳道和举重之间是没有可比性的。

对于那些由于学习成绩差而倍感压力的孩子来说，这个研究是一个不错的消息。或许，家长也应该放弃狭隘的智商概念，从多方面来培养孩子的智力。

心灵视窗

阿尔茨海默症有多可怕

退休在家的老年人经常会抱怨："我的记性好像没有以前好了，总是忘东忘西的。"是不是人到了老年，记忆力就会下降呢？

实验证明，随着年龄的增长，人的记忆力的确在逐渐下降。在一项记忆测验中，和20多岁的被试相比，60岁以上的被试的确表现得比较差，即使是受过高等教育，拥有良好智力技能的人也是如此。

不过，正常的衰老只会让老人难以记住眼前的事情，或者忘记即将要做的工作，却不会遗忘一般性的认知记忆和使用多年的个人信息。在一个关于名字和面孔的测试中，当要求被试辨认35年前的中学同学时，中年人能够认出其中的90%；辨认50多年前的中学同学时，老年人能够认出70%至80%。

虽然研究人员尚未找到老年人记忆损伤的原因，不过一个明显的生物性损伤却渐渐得到人们的重视，那就是使老年人丧失大部分记忆甚至生活能力的阿尔茨海默症。

1906年，德国神经病理学家阿尔茨海默首次报告了一名具有痴呆表现的患者。患者是一位51岁的女性。阿尔茨海默在临床观察中发现，当给她呈现一个物体时，她可以说出正确的名字。过了一会儿，她就会忘掉，并且再也想不起来物体的名字。

当她阅读时，时常会在句子中间跳跃，有时候会按照字母来拼字，有时候则完全忽视句子的停顿和结构。医生对她进行了书写测验，结果发现当她书写时，她喜欢不断重复同一个音节，将其他音节全部忽略掉。

随着病情的恶化，病人无法讲出意义明确的句子，表达显得杂乱无章，语义也非常模糊。医生无法理解她的想法，也无法通过语言和她交流。后来，她已经找不到回房间的路，生活也无法自理。

4年半后，这名患者死亡。医生解剖了她的大脑，发现她的大脑皮层已经萎缩，神经元纤维则打成错综复杂的结。此后，人们又相继发现这种病例，有的患者甚至在老年之前发病。人们开始认为，这是一种不同于老年性痴呆的疾病。在1910年，这种疾病被命名为“阿尔茨海默症”，以纪念第一次报告此病的神经病理学医生阿尔茨海默。

如今，全球大约有30万人患上阿尔茨海默症，美国有将近5万人。中国目前没有做过准确的调查，患者数量尚不明确。不过，以这么大的人口基数来看，应该有相当一部分人正在忍受阿尔茨海默症的折磨。而且，随着人口老龄化的来临，这一现象会更加严重。

在民间，人们习惯称阿尔茨海默症为“老年痴呆”。因为多数患者都是60岁以上的老年人，病情普遍表现出严重的智力下降，于是人们就将

“老年”和“痴呆”两个词联系在一起。严格来说，“老年痴呆”是一种非常宽泛的说法，除了阿尔茨海默症，还有许多疾病会导致老年人健忘和智力下降。

研究发现，阿尔茨海默症具有很高的遗传性，如果母亲是阿尔茨海默症患者，遗传给子女的概率更高。于是，在阿尔茨海默症的患者中就可能出现中年人，甚至青年人。韩国有一部电影《我脑中的橡皮擦》，讲的正是女儿遗传了母亲的基因，年纪轻轻就开始丧失记忆和认知能力的故事。这样说来，将其称作“老年痴呆”似乎不太合适。

当然，尽管发病时间上存在差异，但是阿尔茨海默症患者的发病过程还是有迹可循的。发病初期，大脑的细胞开始出现异常，但是尚没有影响到外显的行为，因此病人的认知功能不会受到影响。病人会忘记一些生活中的细节，如熟人的名字、时常经过的地方，忘记带钱包、钥匙等，这些行为正常人也时有发生，并不会引起身边人的注意。

当病人开始明显地忘记姓名、地名，记不住陌生人的名字，阅读出现障碍，做事显得没有计划、没有条理时，身边的亲人才会注意。多数的阿尔茨海默症患者都是在这个阶段被诊断出来的。

随着脑细胞的死亡，病人会变得比较冷漠，不喜欢交往，搞不清楚日期、月份和季节，出门需要有人看护。发展到最严重的阶段，病人会完全失去对环境的感知能力，说话、行动都有困难，需要人喂饭、喂水，甚至会大小便失禁。

可见，阿尔茨海默症是一个渐进性的过程。由于个体差异，被确诊之后的病人有的只能活 4 年左右，有的则会坚持 6 年到 20 年不等。

试想一下，如果你的亲人在 10 年的时间里，慢慢地不认识你，不认识周围的亲人，直到对世界的一切失去感知，这是一件多么可怕又令人悲伤的事。更残酷的是，迄今为止，科学家只找到了一部分的病因，还没有找到治愈阿尔茨海默症的有效方法。

在这个领域，无论多么出色的数学家、物理学家都束手无策。不过，药物学家和神经生理学家则达成某种共识，他们通过分析已故患者的头部组织来寻找阿尔茨海默症的成因。

众所周知，大脑中的海马组织主要负责人的记忆。于是，科学家研究了阿尔茨海默症患者海马组织的神经元构成。结果发现，和正常人相比，阿尔茨海默症患者的神经元之间存在两种标志物，分别是 β－淀粉样斑块和神经纤维缠结。它们就是神经细胞坏死的罪魁祸首。

实际上，正常人大脑中也会产生这些物质，不过健康的人可以很快将它们代谢掉，或者将其溶解到血液里。阿尔茨海默症患者正是因为无法代谢这些东西而导致大量的蛋白质沉淀，从而影响脑细胞的生长。

这样说起来，科学性太强，也太过抽象，或许我们这样理解会更加形象一点——想象一下，一间长时间无人打扫的房间，墙角的灰尘已经堆积成塔，清扫起来一定是非常困难的。这些 β－淀粉样斑块和神经纤维缠结就相当于大脑中的灰尘，当它们集合起来，就影响了大脑的正常运作。

心理学家

美国心理学的“第一”——霍尔

1844年，斯坦利·霍尔出生于美国马萨诸塞州艾士非的乡村。他的父母都是当地的教师，因此霍尔从小受到了良好的家庭教育，这无疑是他人生开端的有利条件。同时，在农场生活的童年经历为霍尔提供了广阔的天地，培养了他多种兴趣。

霍尔从小就胸怀大志，14岁时就立志要离开农村，到社会上干一番大事业，虽然他还不知道自己要干什么。19岁时，霍尔进入威廉学院，开始学习多种学科。从小受的教育和天才的头脑使得霍尔能够轻松应对各种学科，并且在考试中取得优异的成绩。

在威廉学院期间，他开始接触哲学和进化论。进化论的思想对他影响非常大，以至于他进入纽约联邦神学院学习，准备成为一名牧师或者神职人员时，由于思想的分歧，不仅得不到重视，还饱受他人的非议。最终，霍尔放弃了这条“正路”，在一位传道士的劝告下，离开美国，赴德国留学。

到达德国之后，他选择在波恩大学学习哲学和神学，同时在柏林大学研究生理学和物理学。这些基础学科的学习为霍尔后来的科学工作打下了良好的基础。霍尔虽然是清教徒出身，却也不乏浪漫主义情怀。在学习科学知识的同时，他获得了文学硕士的学位。

不过，这种浪漫的性格也让他吃了不少苦头。在柏林期间，他经常出入酒吧和剧院，最后搞得自己负债累累。回到美国后，面临债务和失业的双重压力，霍尔辛苦工作了很长时间。起初，他重拾自己的老本行，在一个乡村布道了10个星期，还当了一年多的家庭教师。后来，他进入俄亥俄州的安蒂奥克学院教授英国文学、法语和德语，同时还当过图书管理员和唱诗班领唱。

1874年，霍尔读了冯特的《生理心理学》，开始对心理学产生兴趣。同时，他也开始为自己的未来计划起来。两年后，他离开安蒂奥克学院，前往哈佛大学任英语讲师。在工作的同时，他经常去鲍迪奇的生理实验室工作，并跟随詹姆斯学习心理学。

1878年，霍尔写了一篇关于空间肌肉知觉的论文，被鲍迪奇和詹姆斯联合授予心理学—哲学博士学位。这是哈佛大学授予的第一个心理学学位。同年，霍尔再度前往德国，在柏林大学跟随赫尔姆霍茨学习生理学，后来又进入莱比锡大学，跟随冯特学习心理学。

霍尔是冯特的第一个美国学生，不过从他后来的研究可以发现，虽然他认真地听冯特讲课，积极参与实验室的研究，他的方向却始终在生理学领域。可以说，冯特这位大师对他的影响并不大。

1880年，霍尔回到美国，再次面临失业的问题。对于挥霍了前半生，如今已经36岁的霍尔来说，前途显得阴暗、惨淡。幸运的是，他没有找到职业，却找到了自己的另一半。回到美国后，他和之前在安蒂奥克学院教过的一位女学生重逢，两人随即结为夫妇。

一年后，霍尔的好运开始来临。他在霍普金斯大学的一次演讲为他赢得了一个霍普金斯大学的教授职位。在霍普金斯大学，他不仅筹建了自己的心理学实验室，还教出了许多著名的心理学家，如卡特尔、杜威、贾斯特罗、桑福德等。

1887年，霍尔创办了美国第一本心理学杂志——《美国心理学》。这本杂志主要发表心理学的理论和实验研究成果。《美国心理学》的诞生不仅为众多心理学研究者提供了发表成果的平台，而且让美国心理学开始独立于其他自然学科。时至今日，这本杂志依旧是心理学界举足轻重的刊物。

1888 年，富商克拉克出资筹建克拉克大学，并邀请霍尔担任校长和心理学教授。于是，霍尔离开霍普金斯大学，前往乌斯特担任克拉克大学的第一任校长。虽然克拉克只想创办一所大学，霍尔却致力于将克拉克大学打造成像霍普金斯大学和德国大学那样的专业研究机构。因此，即使在资金不足的情况下，他还是培养出 81 个心理学博士，其中不乏著名的心理学家。

1891 年，霍尔自费创办了杂志《教育研究》，主要发表儿童研究和教育心理方面的研究成果。第二年，由于霍尔的努力，美国心理学会成立，他被选为心理学会的第一任主席。此后，他一边进行心理学研究，一边负责学校的日常工作。1909 年，应霍尔之邀，弗洛伊德和荣格前往美国访问，并相继在克拉克大学发表演讲。

霍尔虽然受过冯特的实验心理学训练，并且创建了心理学实验室，但是他真正感兴趣的领域却是发展心理学。他曾经倡导发展心理学的研究者摆脱实验室，采用观察法和搜集资料的方法研究人的生命发展过程。

1904 年，霍尔出版了两卷本巨著《青少年：它的心理学及其生理学、人类学、社会学、性、犯罪、宗教和教育的关系》，这是他构建理论的一部重要著作。在这部巨著中，他提出了一个重要的观点——复演论。

他认为个体的心理发展反映的正是人类的发展史。比如，生活在羊水中的胚胎就代表着人类在水中生存的时期；幼儿的爬行阶段则代表猿人时期；儿童之所以喜欢玩打仗的游戏，也是人类历史发展的一个缩影。由此可见，达尔文的进化论对霍尔影响非常之大，以至于他一生都遵照进化论的方向研究人类的发展。

从克拉克大学退休之后，霍尔一直从事写作。当他76岁时，突然对老年问题产生了兴趣，并且写了一部两卷的《衰老心理》。两年后，即1922年，霍尔在第二次当选为美国心理学会主席的几个月后去世，享年78岁。

第十章

动机

狮子追杀瞪羚，是因为它肚子饿；两只雄性牦牛决斗，是为了争夺雌性的交配权；学生努力学习，是想要考入一流的大学；同事之间的竞争，则可能为了金钱、为了义气，或者为了面子。任何行为背后必有其原因，这个原因就成了行为的动机。

人为什么要吃饭

人为什么要吃饭？这个问题说简单就简单，说复杂也复杂。3岁小孩会说：“因为我饿，所以要吃饭。”有人借用医学教科书上的说法：“人需要能量来维持生命，吃饭是为了补充体内的能量。”也有人引入“熵”的概念：“吃饭是为了吸收低熵物质，排泄为了释放高熵物质，从而维护人体组织结构的完整性。”

纵使吃饭的理由众说纷纭，但是心理学家知道，那必是有一个动机存在，即引起、支配和维持生理、心理活动的一个根本原因。就像为什么有人要去爬珠穆朗玛峰，为什么有人对推理小说爱不释手，并且在看到结局之前，绞尽脑汁地分析真正的杀人凶手，这一切行为的原因都来自心理上的动机。

为什么会出现“动机”这个概念呢？主要是因为人生中有太多事情让人充满疑惑，而心理学家需要一个概念来解释或者预测人们的行为。比如，早晨你为什么会起床呢？是因为饿了，渴了，想要上厕所，还是被子掉在地上给冻醒了？对于这种状态，动机往往来自身体的内部。如果身体内部的平衡状态被打破，那么动机就会刺激身体做出相应的反应。

当然，人的行为复杂而多样，尤其当人类全面社会化之后，一个人的行为已经不仅仅来自身体的内部状态，还包括各种各样的社会期待。如果你对新来的同事微笑，旁边的同事对其不理不睬，很容易可以解释，你想要给新同事留下一个好的印象，而另外的同事更倾向于我行我素。这不是来自身体内部的召唤，而是社会文明的产物。

想象一下那些历经千辛万苦、身体备受摧残、完全靠意志力支撑着完成登山之旅的探险者，这些行为的终极原因又是什么呢？即使知道继续前进可能会冻掉耳朵、手指，甚至丢掉性命，为什么他们还要继续攀登呢？心理学家想要探明动机的一个最主要原因也在于此。

针对动机，心理学家给出众多解释。美国心理学家赫尔认为，人的行为本质上都是对环境的适应，因此人的需要就成为行为的动机。比如，饿了要吃饭，渴了要喝水，就是受到内驱力的影响。一旦身体的紧张状态消除，动机也就不存在了。

不过，实验证明，动机并非如此简单。在一项以老鼠为被试的实验中，实验者剥夺了老鼠的食物和水，按照内驱力的理论，老鼠一见到食物就应该马上进食，从而消除身体的紧张状态。结果，当实验者把老鼠放在一个到处有食物和水的环境时，它们首先做的是四处探寻，在熟悉环境之后才开始进食和喝水。在针对其他动物的实验中，幼猴也会将大部分时间用来熟悉环境中的玩具和新鲜事物，其次才是满足生理的需要。

于是，赫尔提出另外一个重要的概念——诱因，即外部的刺激、奖赏。它们和生理的需要毫无关系，但是常常会决定个体的行为。人类也常常受到诱因的影响，如整个晚上废寝忘食打游戏的人，去电影院观看恐怖片的人，为了帮助他人而牺牲个人时间的人……

当然，赫尔的观点并不能完全涵盖所有的动机，也无法解释所有的行为。因为有的行为并非出自生理，既不是来自环境因素的引诱，也不是来自本能，而是个体为了满足一种认知取向做出的反应。比如，考出很差分数的人有许多，有的人认为自己不够聪明或是不够努力，有的人则会认为是老师偏心、考试不够公正等。不同的心理状态决定了每个人的下一步行为也不一样。这涉及人对环境事件的归因，在下一个小节我们会继续讨论这个问题。

下面我们来看一下，动机是如何决定人的行为的。

心理学家约翰·威廉·阿特金森凭借研究人的成就动机而一举成名，他将动机发展为心理学研究的一个独特领域。在他主持的实验中，证明了动机与行为的辩证关系。

研究人员招募了80名大学生作为被试，他们被随机分成四组，每组20人。研究人员给每组被试都安排同样的任务，但是在实验开始之前，他对每组被试说了不同的规则。第一组学生听到的规则是：只有成绩最好的人才能得到奖励，也就是说，20个人中只有1个人会得到奖励；第二组的前5名会获得奖励；第三组的前10名会获得奖励；第四组的前15名都会获得奖励。

实验结果发现，第二组和第三组被试的成绩最好。第一组的规则太过苛刻，被试会认为，即使尽自己最大的努力，最后也不一定会获得奖赏，于是放弃了努力；第四组被试则认为，即使不需要多大努力，也能进入前15名之列，因此也放弃了努力。第二、三组的学生则会认为，如果自己努力，那么获得奖赏的机会就会增大，如果不努力的话，则很有可能会失败。

这个结论并不能解释那些冒着生命危险攀登高峰者的动机，却可以在一定程度上影响我们平常的生活。对于职员、学生来说，激励动机最有效的方法就是“1/2 的成功概率”。任何人都能够做得更好，任何人都在面临失败。这时，动机已经不是来自吃饭、喝水的内部动力，而是来自自己的认知和期望。

错误归因的真相

上文中，我们提到过“一次成绩很差的考试”。有的人认为，成绩差是由于自己不够聪明或者一段时间内不够努力；有的人则认为，成绩差完全是由于不公平的考试制度、老师偏心，或者考试当天的环境干扰，如检修电器的噪声干扰等。

按照这个逻辑继续下去，可以想见，将责任推卸给外界环境的学生取得更差成绩的可能性非常大，而从自身寻找原因的学生取得好成绩的概率比较高。这两种看待问题的方式就是归因的两个方面——外归因和内归因。

所谓归因，也就是寻找事情发生的原因。无论是成功和失败，必然有其直接、间接的原因存在。那些喜欢将失败的原因都推给客观环境的人属于外归因一类，而喜欢从自身寻找原因的人则属于内归因一类。

内部原因主要包括努力程度、个人能力、兴趣、态度、性格等，外部原因指的则是环境中的因素，如任务的困难度、外部奖赏、运气等。除此之外，归因还包括稳定性归因和可控性归因。

在一定程度上，归因决定了人们对环境事件的认知，也决定了个体的行为，可是人们往往无法辨明纷繁的事实，归因自然也容易出现纰漏。情绪心理学家阿瑟·阿伦做了一个经典的场景实验，从而说明了这种情况的存在。

研究人员找来一位漂亮的女生做实验助手，由她来对男大学生进行调查。调查的内容非常简单，首先完成一个问卷，然后根据一张图片编故事。

实验中，被试被分成三组，一组在安静的公园，一组在低矮的石桥上，一组在危险的吊桥上。做完调查后，实验助手会将自己的名字和电话给每一位被试，并且告诉他们，如果想要进一步了解实验，可以打电话给她。

这时候，实验的目的才刚刚显现。实验者想要探究，身处不同场景的被试会编出什么样的故事来？哪些被试会在实验后打电话给女助手？结果表明，与身处公园、石桥的被试相比，在吊桥上进行实验的被试有更多人给女助手打电话，而且他们编出来的故事带有更多的情色成分。

研究人员得出结论，当情绪发生变化时，人们习惯为这一变化寻找一个解释，但是这些解释往往都是错误归因的结果。比如，当人感到心跳加速、手心出汗时，可能是害怕前面走过来的一只巨型犬，可能是见到了一位惊为天人的美女，也可能是遇到了一个令人头疼的难题。当不同的事件引起同样的生理反应时，大脑就会变得迷糊，搞不清楚真正的原因。

实际上，这种情况在生活中很常见。一起玩刺激性的游戏更容易拉近彼此的距离；一起完成某项活动的约会要比坐在房间里喝咖啡更令人印象深刻。其中，最典型的例子就是英雄救美。被人搭救而心跳不止时，有人认为那是因为害怕，许多女孩子则倾向于认为“这是爱情来了”。

人们在追求幸福的道路上也常常犯这样的归因错误。到底什么东西能带来幸福呢？很多人给出的第一个答案就是金钱。实际上，人们高估了金钱的重要性。心理学研究已经表明：金钱并不代表幸福。

在美国，曾经有人问道，如果美国人普遍比三四十年前更富有的话，为什么人们没有觉得更幸福？对此，来自南加利福尼亚州的经济学家给出答案：人们患上了“享乐适应症”。

人们的欲望总是会随着经济的增长而变化。当你为了获得幸福的生活而买了一套房子的时候，就会为了获得更幸福的生活买第二套房子。过去觉得拥有一辆汽车就能满足的人，还会想要第二辆车或者一辆豪华轿车。

好笑的是，这样的幸福生活往往以身体的健康、人际关系的质量为代价，而这些因素恰好又是人们对幸福生活的要求之一。

你停留在需要的哪个层次

你有没有想过，为什么有的人事业有成，有的人却碌碌无为？为什么有人能够攀登上珠穆朗玛峰，有的人却只能站在山脚，望而却步？你可能会说，由于身体的原因，很多人无法到极端的环境中探险；也可能会说，他们对那种事情根本不感兴趣。其实，这不过是个人成就动机的区别。

1938 年，心理学家亨利·默里提出一种动机观点——个体总是有一种成就的需要。成就需要的强度不同，人的行为也会不同。在默里的研究基础上，心理学家戴维·麦克利兰进一步界定了这种动机，他将其分成了 3 个部分，即成就需要、归属需要和权利需要。

麦克利兰利用默里设计的主题统觉测验来检测被试的行为动机。主题统觉测验是一种测量人格的工具，原理来自投射技术。在全套 30 张主题模糊的图片中，有男人、女人、男孩和女孩。测试时，研究人员会要求被试根据图片上的内容讲一个故事，在这一过程中，被试实际上是将自己的思想、情感投射到图片中的人物身上。因此，故事的内容可以用来解释被试的需要和压力。

当被试看到一个“拉小提琴的男孩”的图片后，不同的被试讲出了完全不同的故事。一个人说，小男孩刚刚学完小提琴课。他对自己的进步很满意，这样的进步证明他的努力和牺牲都是值得的。因此，他为了练小提琴，每天都要花上几个小时，但这样的话，他就没有时间和同伴玩耍，也没有时间认识新的朋友。不过，他依然相信，他的音乐可以给人们带来快乐。

另一个人则说，这个小男孩已经厌倦每天的练习过程。他在期待音乐老师突然生病，或者小提琴坏掉，那样他就自由了。他从来没觉得自己可以成为一流的音乐家，那是天才才能达到的水平，即使他每日辛苦地练习，最后也可能只是一个小城市里的乐队演奏者。

从两个人完全不同的描述中可以看出，第一个人展示出比较高的成就需要，第二个人的成就需要则较低。测验结果显示，成就需要得分高的人在生活中更努力，在事业上也更容易超过父辈的成绩。

当然，这不是绝对的。当一个高成就需要的人面临一项不可能完成的任务时，他往往也会选择放弃。也就是说，对于向上努力的衡量标准，还有其他的可能性。比如，当一个人的社会地位达到一定程度时，他不会继续在高难度的事业中发挥能力，而是停下来，选择一种相对不同的生活，或者在其他领域继续努力。

基于这一点，戴维·麦克利兰对动机的解释似乎显得不够全面。1970 年，心理学家马斯洛提出一个层次更多、包含因素更全面的观点，即需要层次理论。

他认为，驱使人类做出行为的动机不仅仅是生理上的，还包括心理上的。在社会中，每个人都在逐一满足各项基本需要，或许一段时间内，只能满足其中的一部分，但是其他部分并没有消失，而是在身体内潜伏着，一旦低级的需要得到满足，就会发展出更高一级的需要。

在一个类似金字塔的结构中，需要层次由生理到心理、由低级向高级发展。处在金字塔最底端的就是生理需要，是维持生命生存的基本条件，如食物、水、空气、健康、性等。当这些需要满足不了时，人们唯一的想法就是活下去。任何思考的能力、道德的界限都会变得脆弱，如同电影《一九四二》中表达的意思一样——“人只有吃饱了肚子，才有尊严”。

当温饱得到满足，人们就会开始期待心理上的舒适，即安全的需要。住在安全的房子里，不受到他人的侵害，不用担心失业，免遭痛苦和疾病等。这些也仅仅是低级别的需要，是人类生存的基本保障。

归属和爱的需要则属于较高层次的需要，包括对友谊、对爱情、对良好人际关系的要求。缺乏社会交往的人不会产生危及生命的问题，却感受不到精神上的关怀。如果归属和爱的需要长期得不到满足，人会对社会变得冷漠，生活空虚，其他层次的动机需要也会受到影响。

尊重的需要包括自尊、自重和被别人尊重，具体表现为希望获得实力、成就、独立，希望得到他人的赏识和高度评价。

在金字塔的最顶端是自我实现的需要，包括发挥自己的潜力、为了追求人生的境界而付出努力的过程。藏书家为了收集古书可以耗尽自己的财富，武术家为了发扬门派的精神而广授武功，物理学家耗费一生的时间致力于量子论研究，这些都属于自我实现的范畴。

了解人的需要层次之后，问问自己，现在的你停留在需要的哪个层次呢？一日三餐，一年四季，你能吃饱穿暖吗？你是否居住在舒适的环境里，安全、宁静，没有纷扰？你是否享受到家人的关爱，朋友的关心和情人的疼爱？你是否感受到自己是一个有价值的存在，尊重他人的同时也得到了别人的尊重？在当下的社会环境中，能有几个人给出肯定的回答呢？

心灵视窗

心理学助你谋求一份理想职业

从星期一到星期五，你是不是每天都没精打采地上班，坐在办公室里，像一朵枯萎的百合花？吃过中午饭就开始倒计时，下班时间一到，整个人就变得精神起来，然后神采奕奕地投入休闲、娱乐之中？如果这些全中的话，很不幸地告诉你——你正在从事一份自己不喜欢的工作。

实际上，每天有成千上万的人在做着自己不喜欢的工作。选择职业的时候，可能是薪酬比较具有吸引力，可能是工作清闲、压力小，也可能是工作非常稳定，是那种端起来就可以吃一辈子的“铁饭碗”。于是，许多人开始不自觉地每天做不认可、不喜欢的事。

不管你当初选择职业的理由如何，“你不喜欢你的工作”依旧是一个不争的事实。或许你会说，工作就是工作，生活就是生活。工作是为了生存需要，生活则完全可以按照自己的意愿来打理。然而，你有没有觉得，这样一分为二地硬性切割实际上非常痛苦，甚至让你走入近乎分裂的境地。

回想一下每天的工作状态，你就会发现缺乏动力的工作是多么折磨人。如果你不喜欢做会计，却要每天盯着账单、报表，处理一大堆的数据；如果你讨厌和上了年纪的市井大妈相处，却要每天处理街坊邻居的琐事；如果你喜欢到处跑跑走走，却被安排在办公室里，8个小时哪里都不能去，这样的话，工作不是已经形同于监狱了吗？

说起来，工作占据了每个人巨大的时间比重，如果从事一份不喜欢的工作，也就意味着，你的大部分人生都在经历着工作的折磨。所有人都会有这样的感觉，做一件自己不感兴趣的事，一分钟也会像一个小时那么长。长此以往，这将变成多大的悲哀啊！

所以说，拥有幸福生活的前提就是找到一份适合自己的工作，这样才能保持职业上的积极动机，并且激励人们为了那些值得付出的目标而努力。

1959 年，针对人们选择职业时的困惑，霍普金斯大学的心理学教授霍兰德提出“人业互择”的理论。他认为，人在进行职业规划时应该首先了解自己的性格、兴趣，并且探索和理解整个工作环境。当人和工作适当地匹配之后，人才能够具有个人的成就需要，工作也会变得简单易行。

社会上有三百六十行，每一行都是一种职业类型。同一职业类型就会吸引具有相似人格特质的人。比如，医生和护士都需要细致、耐心、个性沉稳的人；小说家则必须是直觉、想象力和观察力强的人。如果让一个怯懦、服从的人担任领导，不仅无法树立权威，连他本人也会觉得痛苦。

于是，霍兰德开发出一系列职业兴趣测试，将各种性格和对应的职业进行匹配，从而将人细化到具体的工作领域。霍兰德用自制的自我探索量表和斯特朗兴趣量表、库德兴趣量表进行实验，结果都证明这一筛选的合理性。

1968 年，霍兰德选择美国 27 所高校的 2347 位学生，对他们进行个性与职业选择的适配性研究。研究发现，科学的选择对学生职业的稳定性有影响。随后，沃勒在 1974 年针对美国的高职学生进行了一次职业匹配度的研究。结果发现，个体的职业选择和职业兴趣具有某种程度的持续性。

和传统的职业匹配观点相比，霍兰德更倾向于认为人们在寻找工作时，应该在工作环境中表达自己的态度和价值观，发表自己对问题的看法，扮演愿意扮演的角色。比如，擅长社会交往，喜欢和人群打交道的人不会满意一份电力工程师的工作，即使薪水优厚，他也可能去重新选择适合自己的工作。

在霍兰德之后，众多的研究人员也相继证明，个性和职业环境的匹配能够提高人们对工作的满意度，积极性更高，也更愿意为了工作目标付出努力。否则，人们会消极怠工，或者改换职业。

一位在会计师事务所工作两年的年轻人突然想要辞职，可是他又放不下目前的工作，内心的困惑让他找到了心理医生。他坦承，自己对目前的工作很不满意，不知道是不是应该换一份工作。

深入交谈之后，心理医生发现原来他两年来一直在做财务总监的助理，每天的工作都一成不变，而且和他的专业无关。他觉得自己的才能被埋没了，因此整天精神不振，对工作也提不起兴趣。

在帮他分析原因之前，心理医生给他做了相关的职业兴趣测试，结果发现，他的个性、气质和心理倾向都非常适合做财务方面的工作。也就是说，这个年轻人的自我效能非常高，他是按照自己的性格喜好在选择职业。

至于为什么他在考虑辞职，当然是存在其他的无关因素。年轻人说，他的同学工作两年后，在事业上都上了一个台阶，即使那些曾经不如他的人，如今也比他做得出色，所以他内心非常不平衡。

心理医生指点他说，或许由于你从小没受过挫折，学业也很出色，因此遇到不顺利就容易失去耐性，提前选择放弃。既然你是因为喜欢这个职业才选择目前的工作，那么就需要耐心地等待机遇。在等待的过程中提高自己的水平，否则当机遇到来时，你也无力把握。

除了选择适合自己性格的职业，选择职业里的同行者也是非常重要的。就像每个人都会慎重地选择结婚对象一样，工作对象的选择也需要重视。

按照时间算起来，一个人和工作伙伴相处的时间并不比结婚对象少。和具有相同价值观的人一起工作，更容易培养彼此之间的默契，减少沟通上的障碍，同时也能让工作变得轻松、高效。

可是，到底什么样的职业选择更让人有成就感，什么样的职业道路更能激励人的成就动机？与生活中的许多艰难抉择一样，职业也是一个非常重要的、令人感觉两难的决定。不管怎样，请记住一点，在你审视工作的薪酬、福利、舒适度和晋升空间的同时，最好先问问自己：你喜欢这份工作吗？它和你的性格是否合适？

心理学家

努力实现自我——马斯洛

亚伯拉罕·哈洛德·马斯洛，1908 年出生于纽约市布鲁克林区一个犹太家庭。父亲是一位俄国犹太人，从基辅来到美国做木桶生意。后来，父亲的表妹答应了他的求婚，随后来到美国和他一起生活。马斯洛就是二人婚后的第一个孩子，也是 7 个孩子中的大哥哥。

随着父亲生意的日渐兴隆，他们从没有供暖的公寓搬到当地中产阶级人士住的房子。虽然依旧无法脱离贫民区，居住的房子质量也比较差，但在马斯洛看来，他们的生活还是“蒸蒸日上”的。

父亲酗酒，而且对孩子们非常严厉。母亲则性格冷漠，对待孩子近乎残暴。马斯洛曾经带回家两只小猫，结果被母亲活活打死。从此，他和母亲的关系变得越来越恶劣。母亲去世时，他甚至没有参加葬礼。马斯洛曾经这样概括他的母亲：“她虽漂亮，但不是一个称职的母亲。”

童年时期，马斯洛体验了许多精神上的痛苦。作为一个犹太人，他们居住在一个非犹太的社区，上学后，学校里也只有几个犹太人。这样的生活环境使得马斯洛变得害羞、敏感，甚至有点神经质。

他几乎没有什么朋友，最好的朋友就是书籍。为了减少和其他人的交往，他几乎将书籍当成避难所。他经常光顾的地方就是社区图书馆，在那里，两位名人托马斯·杰斐逊和亚伯拉罕·林肯成了他心中的英雄。

实际上，马斯洛是一个智商高达192的天才，因此他在学业上的成绩非常好。可惜，这一情况并没有改变他害羞、敏感的性格。多年后，已经成名的他依旧无法自如地在公众面前演讲。对于他来说，每一次演说都是一次身心的折磨。

进入高中之后，马斯洛和他的表兄威尔成了好朋友。威尔像马斯洛一样聪明，但是他更外向，更善于交际。借此，马斯洛也开始和外界沟通。他成为某拉丁杂志的编辑，而且在一本物理杂志上发表了关于原子能的评论。此外，他还参加了学校的国际象棋队。丰富的社交活动改变了他抑郁、沮丧的精神状态，不过他依旧是那个害羞、内向的男孩。

1926年，马斯洛遵照父母的意愿，进入纽约市立学院学习法律。仅仅两个星期，他就发现自己对法律毫无兴趣。3个学期后，他转学到康奈尔大学学习心理学。没过多久，他就厌倦了构造主义的元素分析和心理学家铁钦纳的枯燥教学，遂重新返回纽约市立学院。

1928年，马斯洛不顾父母的反对，执意和他的高中同学，也是他的表妹贝莎结婚。婚后，他们育有两个女儿。一年后，他又转学到威斯康星大学。在那里，他先后获得文学学位、文学硕士学位和哲学博士学位。马斯洛曾经宣称，他真正的生命是从结婚和转学到威斯康星大学开始的。

在威斯康星大学期间，他跟随心理学家哈洛一起研究灵长目动物，并且听过心理学家魏特海默的课。其间，他渐渐对猿猴产生了兴趣，并且找到自己的研究领域——研究猿猴的支配权和性行为。

曾经有一整年的时间，马斯洛每天观察灵长目动物的行为。在不惊扰它们的情况下，他花几个小时的时间一边观察，一边做笔记。后来，这些研究成为他博士学位论文的内容——《支配驱力在类人猿灵长目动物社会行为中的决定作用》。

他发现在哺乳动物和鸟类的社会行为中，支配驱力是一个关键的因素。这种支配不是通过肉体的攻击获得，而是来自自信心或者优越感。在某种意义上，这一观点可以解释高级动物的社会行为。

这篇博士学位论文写得非常出色，以至于引起行为主义心理学家桑代克的注意。马斯洛在威斯康星大学顺利获得博士学位后，桑代克为其提供一份博士后奖金，邀请他到哥伦比亚大学协助他的新课题研究。于是，1935 年，马斯洛回到纽约，担任桑代克学习心理研究工作的助理。

1937 年，马斯洛结束和桑代克的合作，进入纽约市的布鲁克林学院工作。从此以后，他渐渐放弃了行为主义的研究方法，开始建立人本主义的理论结构。由此可知，尽管马斯洛倡导的人本主义心理学极力反对行为主义者的主张，他本人却是经过行为主义的过渡，才逐渐形成自己的理论基础的。

在布鲁克林学院任教期间，马斯洛的生活非常快乐。他的风趣、热情为他在学生间赢得了声誉，同时，一些受到鼓励的学生也喜欢去找他做心理咨询。这些经历让他开始确信，和研究人的外显行为相比，人的内在需要更值得挖掘。

同时，纳粹党首希特勒对欧洲犹太人的压迫政策使得许多优秀的学者流亡美国。其间，他结识了许多顶尖的心理学家，如阿德勒、弗洛姆等。不同学派的观点碰撞让马斯洛大开眼界，也为他日后的理论观点奠定了基础。

1951年，马斯洛前往马萨诸塞州，担任布兰代斯大学的心理学系主任和心理学教授。这期间，他开始研究人格和自我实现者的心理特征。3年后，他首次提出“人本主义心理学”的概念。由于行为主义风头正劲，他的观点并未受到重视，甚至没有刊物愿意发表他的论文。

直到1961年，马斯洛等人创办《人本主义心理学期刊》，随后成立美国人本主义心理学会，至此，人本主义心理学才在美国心理学界获得一席之地。1970年，阿姆斯特丹举办了第一次人本主义心理学会议。第二年，美国心理学会设置了人本主义心理学专业委员会。从此之后，人本主义心理学正式获得认可。

可惜的是，马斯洛并未亲眼看到这一成果。1970年，马斯洛因心脏病突发在加州的门洛帕克市去世，年仅62岁。

纵观马斯洛的心理学思想，可以发现，他的想法和理念全部出自个人的思考。在他刚刚进入心理学研究的年代，行为主义已经统治心理学界20多年，心理学家不是关注动物研究，就是将畸形病人、精神病人作为研究对象。于是，马斯洛开始呼吁人们关注正常人的基本需要，关注积极的精神健康。

此外，针对个体的行为动机，他提出需要层次理论。后来，这一理论被广泛应用到其他学科，如经济学、历史学和犯罪学。

马斯洛的理论并非来自统计学分析，也少有实验性的测试，因此人本主义的治疗方法缺少针对性的策略，而倾向于整体分析，重在挖掘人的潜能和调动个体的内在动力。其中，最著名的就是心理学家卡尔·罗杰斯主张的“来访者中心疗法”。

第十一章

人格

大学第一堂课，哲学教授问道："什么是哲学？"传播学教授问道："什么是传播学？"人格心理学教授也会按照传统惯例提问："什么是人格？"当然，哲学教授和传播学教授都会给出准确的答案，而心理学教授却会说："让我们一起来探讨这个问题。"

你的性格是绿色还是蓝色

俗话说，“江山易改，本性难移”，意指无论在什么情况下，人的性格是不容易改变的。一般情况下，人的性格主要来自两个部分，遗传和后天培养。当我们小的时候，就有人会说，这个孩子真能闹，或者是这个孩子可真安静。这些便是人们对遗传特性的最初判断。

人在成长的过程中会受到多种外界因素的影响，父母和学校的教育、同伴关系的影响以及个体的自觉培养，都会成为性格形成的外在动力。同时，由于社会环境的约束，在培养性格的过程中，人往往按照自我的想法试图改造性格，从而忽略了不可改变的遗传因素。因而，许多人在经过一轮又一轮的被动改造之后，常常不知道自己的真实性格所在。

比如，性格冲动的人从小被要求做一个沉稳、内敛的人，一旦他做出冲动、莽撞的行为，就会受到家长的批评，时间久了，连他自己都会觉得懊恼。实际上，大可不必如此。每一种性格只有优势和劣势之分，但是没有好与坏的差别，任何人都没有必要将自己从一种性格硬性地转变为另外一种性格。

众所周知，性格最简单的区分就是外向和内向。外向的人倾向于热情、活泼，内向的人倾向于沉稳、安静。在 MBTI 的性格测试中，心理学家还将人的性格分成 4 个维度，分别是外向—内向、感觉—直觉、思考—情感和判断—知觉。这 8 个因素两两组合，构成 16 种人格类型。如今，性格又有了新的区分——按照颜色区分。

收视率火爆的电视相亲节目《非诚勿扰》，让乐嘉和他的性格色彩心理学被众人熟知。按照“FPA 性格色彩”的理论，乐嘉将人的性格分成四种颜色，分别为红、黄、蓝、绿。颜色不同，人的性格也大相径庭。

红色性格的人是天生的领导者，能说会道，嘴巴和脑袋都非常灵光。做事追求结果而不是过程，因此常常显得缺乏耐心。

黄色性格的人精于算计，在利益面前从来不肯吃亏。如果满腹才华，必是锋芒毕露，活跃在生活中的方方面面。

蓝色性格的人思维缜密，擅作长远打算，不喜争一时的胜负。因为心胸不够开阔，常常执着于过错，容易造成心理上的郁结。

绿色性格的人非常淡然，世事洞明，因此得以进退自如。外表看起来憨厚、笨拙，其实是大智若愚。

作为“FPA 性格色彩”的创始人，乐嘉在书中表达了自己的理论，在实践中也开始应用这一理论来分析人的性格，同时帮助他人解决生活中的困惑。不过，当“FPA 性格色彩”理论成为中国最知名的性格理论时，也有人开始质疑，性格色彩学根本就不是革命，而是抄袭。

这一争论的根源可以追溯到公元前 5 世纪。当时，来自希腊的内科医生希波克拉底提出“体液说”。他认为人体存在 4 种体液，血液、黑胆汁、黄胆汁、黏液。这四种体液按照不同比例搭配，共同决定了人的性格，其中比重最多的部分则成为一个人的主导性格。

比如，血液多的人快乐，好动；黑胆汁多的人容易悲伤，常常感到哀愁；胆汁质多的人容易激动、兴奋；黏液质多的人则显得呆板、情感冷漠、行动迟缓。根据体液的比重不同，希波克拉底将人的性格依次分为多血质、抑郁质、胆汁质和黏液质。

这一说法流传了几千年，直到解剖学的发展，证明了希波克拉底的说法并不成立。不过，他对人格气质的分类却从此流传下来，以至于影响后来的性格分类系统。由此看来，“FPA 性格色彩”心理学不过是“体液说”的“新瓶装旧酒”，乐嘉不过是将希波克拉底的四种体液类型换成了四种颜色而已。

当然，沿袭“体液说”传统的不止乐嘉一个人，美国心理学家泰勒·哈特曼也提出过“色彩性格”。只不过，他和乐嘉的分类有所不同，哈特曼将人的性格分为红、蓝、白、黄四种颜色：红色性格代表掌控权力的人，蓝色性格是善良的人，白色性格的人以和为贵，黄色性格的人则时刻享受人生的快乐。

此外，美国心理学家罗格·波尔克曼和丹·罗瑞也曾将性格分成不同的色彩，而且罗格·波尔克曼的色彩分类和乐嘉有着异曲同工之妙——他们都是将性格分成红、黄、蓝、绿四种颜色。不得不承认，当这几位心理学家撰写的畅销书被译成中文之后，成了“FPA 性格色彩”的灵感来源。

话说回来，不管是希波克拉底的“体液说”，还是后来的心理学家相继发展出来的色彩性格分类，在已经成为实证科学的心理学领域，这些理论都需要接受科学数据的检验。即使色彩性格真的能够全面地描述人格，甚至能够解释行为背后的原因、预测人的行为，在科学的研究数据出现之前，所有的理论也不过是个人的侃侃而谈而已。

当然，你现在依旧可以去测试一个自己的性格颜色，也可以听一听色彩心理学家的演讲和咨询。但是不要忘了一个事实：在实证研究未出现之前，这些诱人的、激励人心的理论只能静静地站在科学门外，等待后人的检测。

蒙娜丽莎的哭泣

如果你正站在达·芬奇的画作《蒙娜丽莎的微笑》面前，看着画中女子曼妙的身姿和微笑的模样，试着猜想一下，她现在的心情如何？她是真的很开心，在脸上展现由衷的笑容，还是应画家的要求，不得不做一个微笑的表情呢？如果让你给她此刻的心情评分，100 分是最开心，0 分是最难过，你会给她打多少分呢？

在揭晓答案之前，不妨来看下面这则故事。

微博上曾经出现一张名为“一分钟内看到的前三个词可能就是你的人生观”的图片。图片是由 440 个汉字组成，有的汉字能和旁边的字组成一个词语，更多的则是散落的、无法组合的单字。单字拼出来的词语主要是描述性格的形容词，如敏感、忠义、勤奋等。

在这张能够“看透人生观”的图片出现之后，短短几天内就被转发 30 多万次，出现了 1 万多条评论。一些加 V 的微博名人也纷纷晒出自己的测试结果，如“微博女王”姚晨，她晒出的测试结果是：“忠义”“平静”“幽默”。

很多人会疑惑，从一张让人看得眼花缭乱的图片中随随便便挑出来几个词语，真的能代表一个人的人生观吗？答案当然是不能，不过这个测试却巧妙地应用了人格测试中的一个原理——投射。

投射，指的是个人将自己的思想、态度、愿望、情绪等反映到外界事物或者他人身上的一种心理作用。当看到某件事物、某一场景时，如果存在与自身相关联的事件，就会变成一种个体的内心指向，从而让人在冥冥之中感觉到。

诚然，这个测试并非出自专业机构，因此只能看作趣味测试。不过，它应用的投射原理却已经成为人格测试的一个重要方面。如今，包括主题统觉测验、罗夏墨迹测验等在内的众多测试方法已经在人格测试的众多领域获得应用，其原理都是心理上的投射作用。

1921 年，瑞士的精神科医生罗夏编制了一种测试人格的方法。测验的材料是十张墨迹图。所谓墨迹图，就是用黑色或彩色墨水涂在纸上，然后将纸对折，折成对称或者不对称的形状，这样在纸上就会形成一个模糊的、毫无主题的墨迹。

测试时，被试会依次看到十张墨迹图，随后描述看到的图像。根据投射的原理，被试将毫无意义的图像赋予什么意义，就代表他的人格部分。通过被试的回答，心理咨询师会判断被试的人格。

当然，罗夏墨迹测验并非人人都能随便测的。它需要被试和专业的心理医生一起完成，并且由心理医生对比测试的评分标准进行评估。除了罗夏墨迹测验，还有一种比较常用的投射测验，就是前几章中提到的主题统觉测验。

1938 年，心理学家默瑞和摩尔根在哈佛大学编制了这一测验。主题统觉测验主要包括 30 张内容模棱两可的图片和一张空白卡片。图片的内容多为人物，也有部分景物。默瑞和摩尔根认为，个人对某一场景的认知来自他们的生活经验。因此，对人物身份以及人物情绪的描述，会让被试将隐藏在内心中的冲突和欲望宣泄出来，即被试将人格投射到图片的故事中。

举个例子来说，被试往往会认同故事中的主角，如故事中的人物往往被被试赋予和自己相同的年龄、性别和社会地位。此外，图片主角经历的拒绝、伤害和失误等生活事件也代表了环境事件对被试的影响程度。

研究人物曾经以此测量人的攻击性倾向和焦虑程度。当然，此时所采用的测验材料可能不仅限于默瑞和摩尔根最初设计的 30 张图片。但是，不管测试材料怎样变化，测试的基本原理是一样的。

在临床心理学中，比较常用的并不是专业性非常强的主题统觉测验和罗夏墨迹测验，而是更简单、易懂的房树人测验。所谓房树人测验，即给被试提供铅笔和白纸，要求他们在白纸上画出房子、树和人。根据一定的标准，心理医生可以从图画中分析出被试的人格特征。

由于主题统觉测验和罗夏墨迹测验都要求被试具有较强的言语表达能力，因此会造成语言障碍、认知失调的人无法获得准确的结果。而房树人测验则是非言语性的，它通过绘画来判断被试的人格特征。

房树人测验最重要的就是“房子”“树”“人”这三个因素。“房子”是个体出生、成长的地方，因此投射的是个体内心的安全感，也反映出个体对家庭、家族关系的看法。中小学生会倾向于画现代化的房子，如高楼大厦。具有较强自我意识的成年人则倾向于画传统的房子。

“树”代表的是个体与环境的关系，也代表了个体成长的过程，因此也被称作“生命之树”。树的类型代表了人的生活态度和人格倾向，如画常青树的人一般成熟、老练、生命力比较旺盛，画篱笆的人则比较缺乏安全感、防御心理较强。

“人”则是被试的自我形象和完整人格，代表了生理和躯体上的自我，也包含理想的自我。因此，人的五官、躯干和四肢都具有不同的含义。不画人的被试通常都是在否定自我，严重者甚至有自杀的倾向。

说了这么多的投射测验，你对心理投射了解了多少呢？现在，让我们回到开篇的问题上：你给蒙娜丽莎打了多少分？想必你已经猜到，你给蒙娜丽莎打出来的分数并不能代表蒙娜丽莎的心情，因为那不过是你内心情绪的投射——不管是 60 分、70 分，还是 80 分，都是你此刻的内心状态。

攀援的凌霄花

舒婷在她的名作《致橡树》中写道："我如果爱你——绝不像攀援的凌霄花，借你的高枝炫耀自己；我如果爱你——绝不学痴情的鸟儿，为绿荫重复单调的歌曲……我必须是你近旁的一株木棉，作为树的形象和你站在一起。"

在这首爱情诗中，舒婷表达了她对爱情的看法：不依附、不谄媚，既不想高攀对方，借对方的显赫来满足虚荣，也不愿将感情淹没在对方的冷漠之下。不愿做爱情的附属品，成为对方的陪衬和点缀，而必须和对方站在平等的位置上——你是树，我也是树，你站着，我也必须站着。

时间过去了30年，当年的朦胧诗派已经陨落，这首诗却依然能够剔除岁月的尘埃，在时光中保持清新的灵气。可惜的是，新一代人的爱情观念似乎正在逐渐发生变化。甘愿作"攀援的凌霄花"的人越来越多，这其中不乏社会环境的因素，也有心理能量在冥冥中起着作用。

许多人都会说，和朋友在一起，我会显得很快乐；与同事之间的亲密关系，让我工作状态更好。当人们静下心来思考什么是生活中最珍贵的东西时，答案往往不是个人成就、物质条件，而是"所爱的人"。发展心理学家埃里克森说："我们面临的首要任务就是建立深厚而有意义的人际关系。"可见，人际关系对于任何人，无论是青少年还是成年人，都非常重要。

当然，任何事物都是两面的，当亲密的人际关系给你带来快乐的同时，也可能会带来痛苦。尤其是同伴关系中的一方依赖性太强，造成另一方的压迫感时，亲密的关系不仅无法带来快乐，甚至会成为人际发展的负担。

一项研究发现，人在最亲密的同伴关系——爱情关系中的行为完全是由自身的依恋类型决定的。从婴儿期开始，每个人的依恋类型已经确定，这种类型会跟随人的一生，从你20岁开始约会，一直到结婚40年，都会按照同一种依恋类型做出相应的行为。

心理学家约翰·鲍尔比和玛丽·爱因斯沃斯考察了婴儿和妈妈（或养育者）之间的情感依恋，结果总结出三种亲子关系的类型。

体验到妈妈的负责和关切的婴儿，即使妈妈离开一会儿，他仍然能够保持快乐和自信，不哭不闹，继续做自己的事，这种婴儿属于安全型。妈妈对婴儿的需要关心不够，导致妈妈离开后，婴儿就大哭大闹，无法接受别人的安抚，这种婴儿属于焦虑—矛盾型。婴儿对妈妈疏远、冷漠，妈妈的离开或回来对他都不会有影响，这种婴儿则属于回避型。

心理学家发现，这些看似平常的亲子关系，却可能影响婴儿人际关系的建立，甚至影响成年后的人际交往。如果父母对婴儿非常关心、注意，对婴儿的一切反应都非常敏感，婴儿就会将他人看作充满爱和支持的。否则，婴儿就会充满怀疑和不信任，以至于形成糟糕的人际关系。

不同类型的婴儿最终都会成为成年人，但是他们的依恋类型却不会发生变化。当他们开始建立恋爱关系时，婴儿期的经验就会左右他们的行为。

安全型的成年人会很容易与人接近，信赖朋友和爱人，不害怕别人靠自己太近，从不担心被抛弃。焦虑—矛盾型的人既想要被人亲近，又担心对方说谎话，或者离他而去。他认为最满意的结果就是与爱人融为一体，当然，这样的想法常常让对方喘不过气。回避型的人则无法相信、依靠他人，别人的主动亲近会令其紧张、不安，即使伴侣的亲近，也会让他不自在。

在一项针对 52 人的跟踪研究中，研究人员在被试 21 岁、27 岁和 43 岁时分别测量了他们的人际关系满意度。结果和研究人员的假设一样，安全型的人能够保持长久的、稳定的爱情关系；回避型的人则无法做到，其中有 72% 的人结过婚，50% 的人经历过离婚。

和无法建立亲密关系的回避型人不同，焦虑—矛盾型的人总是渴望恋爱，渴望在他人身上寻找温暖。虽然生物学家达尔文说过“物种均有依赖症，以促其生长。如果人不是依赖环境，就会在情感上依赖另一个人”，但是焦虑—矛盾型的人却始终处在多次恋爱、多次失败，永远在依赖他人却又永远担心失去这份依赖的恶性循环之中。

研究发现，回避型和焦虑—矛盾型由于“惺惺相惜”，往往容易互相吸引，在体悟彼此的情感缺乏中建立亲密的人际关系。可惜，随着彼此依恋特征的显现，他们的关系会不断恶化——焦虑—矛盾型会永无休止地感到焦虑，时刻渴望对方的亲近，回避型却一味地疏远，结果导致两个人深陷悲剧之中。

当然，如果你对自己和伴侣的人格类型有更多的了解，即使是回避型和焦虑—矛盾型凑到一起，也不是注定无法获得快乐。获得快乐人生的过程需要两个人的共同努力，更需要科学的方法和专业的引导。

心灵视窗

网络中的人格

网络中的“人肉搜索”由来已久。作为一种手段，它就像人民币一样，不过是实现目的的一种媒介。当年轰动一时的虐猫事件，网民充分发扬了“众人拾柴火焰高”的精神，在短短几天之内，就找到了来自网络的虐猫者。可是，当人们对此拍手称快的时候，是不是应该反思一下，所谓的网络正义，是不是一种变相的暴力行为呢？坐在电脑前输入关键字的网民，又是带着什么样的心理预期在做这些事情呢？

可以想见，网民之所以会对网络中的某一个话题感到愤怒，必然是因为事件本身触动了人们的内心，如社会的不公平、对生命的蔑视、无视法律等。不过，当网民在虚拟的世界里充当摇旗呐喊的啦啦队时，他们自己的人格又是怎样的呢？

如果你见到“网络愤青”的真实面孔，一定会被这个多变的世界吓一跳。因为，网络中那些叱咤风云、一呼百应的人物可能就是现实中默默无闻的普通人。可能是路人甲，可能是邻居小张，也可能是坐在你身边的同事。

他们在现实中夹着尾巴做人，在公司中谨言慎行，对待上司毕恭毕敬，生怕一个小失误就丢掉了饭碗，或者失去职场晋升的机会。一旦进入网络，他们就摇身一变，开始揭露职场黑暗，曝光上司的情史，甚至联合众人来一次充满正义的“人肉搜索”。

针对这一现象，心理学家给出这样的答案：在现实中越中规中矩、越压抑的人，就越可能在网络中放纵自己。如果现实生活让一个人不堪重负，又无处发泄，那么他就可能变成一条“网络疯狗”，不分青红皂白，见人就咬。而且在网络匿名的环境下，他永远都是安全的。

实际上，这样的人已经形成网络上的人格，即虚拟人格。因为在网络上完全可以暴露真实的情绪，也可以随意发泄愤怒。因此，生活中那些低眉顺眼、沉默、内敛的人可以在网络中展示自己张扬的一面；生活中不够漂亮的人也可以在网络上狂晒自己的照片，并且将漂亮的自己介绍给网络中的朋友。这是一个宣泄的过程，也是一个自我满足的过程。

当然，社会竞争如此激烈，生活节奏变得越来越快，人们难免充满压力和情绪。如果作为一种解脱，一种平衡内心的方式，虚拟人格能够丰富现实中的人格，从而调节人们内心的紧张和压抑。不过，如果虚拟人格成了网民对人施暴的“保护伞”，事情看起来就没有那么美好了。

在心理学上，那些在网络上不停地质疑他人、总是感到自己受到威胁、将任何人都作为对手的人，一般可以归类为臆想症或者偏执狂。那些论坛里的著名ID常常在晚上的同一时间开骂，不管是脏话、损话，不管是针对个人生活还是社会事件，他们都会发表一些不够理智、不够客观、完全是情绪反应的文字。当然，他们要的也不是理智、客观，而只是一场发泄。

由于网络的匿名性，所有人都不需要为说过的话负责，也不必为冒犯别人道歉。因此，在论坛的讨论区，即使在讨论正常的社会现象，网民也倾向于用各种脏话作为开篇以及结尾，那是一种代表愤怒或者不满的符号，若非如此，便不能表达内心的高涨情绪。

回到现实中，他们就会穿着西装、戴着眼镜，彬彬有礼地对人打招呼，说着仁义道德的人生哲理，坐在格子间里喝咖啡，小心翼翼地经营着职场生活。或许他们自己也会担忧，“长此以往，我会不会人格分裂啊？”担忧归担忧，一旦出现暴热的新闻，他们依旧会凑上前去，骂上几句、踢上几脚，以表达他们在现实中无法表达的真实自我。

心理学家

自卑与超越——阿德勒

阿尔弗雷德·阿德勒，1870 年出生于奥地利维也纳郊区的一个小镇，是家里的第二个孩子。父亲是一名犹太商人，主要经营谷物生意。虽然家庭生活舒适安逸，物质生活也相对富足，阿德勒却没有享受到轻松、愉快的童年生活。

由于患有佝偻病，阿德勒从小身体孱弱，直到 4 岁才学会走路。他长得又矮又小，行动不便，在身体健康的哥哥面前总是感到自惭形秽。此外，大弟弟的去世和两次被汽车撞伤的经历让阿德勒始终被死亡的阴影笼罩。

5 岁时，阿德勒患上了非常严重的肺炎，医生觉得他快要死了，他的父母也放弃了希望。没想到几天之后，他竟然奇迹般地康复了。从此之后，他的生活目标就是克服身体上的苦恼和对死亡的恐惧。与此同时，做一名医生渐渐成了他的人生愿望。

多年后，阿德勒自述了小时候的一件小事。上小学后，他每天需要经过一座公墓才能到达学校。每次走过，他都会感到非常害怕，每迈出去一步都会觉得心惊胆战，好像死神随时会来临一般。

后来，阿德勒看到其他的孩子毫不在意公墓的存在，每天大摇大摆地来回，他决定克服胆小的心理。放学后，他将书包放在公墓旁的草地上，然后在公墓间来回穿梭，直到不再感到恐惧为止。

9岁时，阿德勒进入中学。由于成绩不佳，他一直被老师视为差等生。老师甚至建议阿德勒的父亲带他去学制鞋，以后做一名制鞋的工人就好了。幸好父亲拒绝了老师的提议，并且不断鼓励他，给他信心。这件事深深地刺激了阿德勒。从此之后，他开始发奋学习，尤其努力学习数学。

中学毕业后，阿德勒顺利进入维也纳大学医学院。在那里，他系统地学习了有关心理学、哲学和医学的知识，并且接受了系统的医学临床训练。

1895年，阿德勒获得维也纳大学的医学博士学位，成为一名眼科和内科医生。行医过程中，他特别看重病人由于身体器官导致的自卑心理，并且认为自卑是驱使个体行动的内在动力。这一观点延续到阿德勒后期的系统理论当中，也成为个体心理学的重要观点。

大学毕业之后，阿德勒在维也纳医学院实习了一段时间，于1896年4月应征入伍，在奥地利军队的一所医院工作。结束军队生涯后，他回到维也纳大学继续深造。其间，阿德勒看到了弗洛伊德的《梦的解析》，并且对此颇感兴趣。

在维也纳大学，阿德勒结识了来自俄国的留学生罗莎，两人坠入爱河并迅速结婚。婚后，他们养育了四个孩子，三女一男。其中，亚历山德拉和库尔特继承了父亲的事业，成为个体心理学学派的心理学家。

后来，阿德勒在维也纳的一本刊物上发表了一篇文章，替弗洛伊德的观点辩护。由于这一缘故，当弗洛伊德着手组织精神分析学会时，便向阿德勒发出邀请，他也成为弗洛伊德最早的同事之一。由于阿德勒的智力出众，因此备受弗洛伊德赞誉。不过，他们之间的观点从一开始就存在分歧，这也为日后两人的分裂埋下伏笔。

就像对待荣格一样，弗洛伊德将阿德勒视为自己的学生，视为精神分析学派的接班人。可是，从一开始，阿德勒就将弗洛伊德视为同事，他认为两个人是平等的，是并驾齐驱的。显然，阿德勒和弗洛伊德的想法并不一致。

1907年，阿德勒发表了关于缺陷引起的自卑感及其补偿的论文，一时间名声大噪。阿德勒认为，身体缺陷引起的自卑，一方面，可能摧毁一个人，使其丧失斗志，甚至自甘堕落；另一方面，也可能激励人奋发图强，以补偿自身的缺点。不难看出，这一观点正是阿德勒对自身状况的总结。

在弗洛伊德看来，阿德勒的这篇论文是对精神分析学的一大贡献，因此颇感欣慰。可是，阿德勒在随后发表的《神经病的形成》一书中，则大量提及有别于精神分析学的观点。当阿德勒将补偿作用作为新理论的中心时，弗洛伊德再也无法容忍。

两人之间的矛盾激化后，阿德勒辞去精神分析学会的主席职位，并带着自己的追随者离开精神分析学会，建立自由精神分析研究会。1912年，为了区别于弗洛伊德的“精神分析”，阿德勒又将组织的名字改为“个体心理学学会”。从此以后，阿德勒彻底告别精神分析学，将全部精力用来发展他的“个体心理学”理论体系。

阿德勒的理论重点是“自卑感”和“创造性自我”，同时强调“社会意识”的作用。“自卑情结”是阿德勒理论中非常出名的概念之一。他认为生活中的不完美和身体的缺陷会让人产生自卑感，这种自卑感会让人努力克服缺陷，即缺陷补偿。

阿德勒对神经症的解释也有别于弗洛伊德。弗洛伊德认为，人的行动受到过去经验的影响，阿德勒则认为人的行动来自未来的各种愿望。这些愿望能够激发人去完成意义重大的事业。当然，在面对无法改变的事实时，正常人会选择面对现实，神经症患者由于无法面对现实，因此出现了心理上的困扰。

1920 年后，阿德勒在维也纳教育学院任教，并且开始系统地参与儿童中心的辅导工作。此时，他已经是声名远播的人物。希特勒上台之后，由于受到纳粹的迫害，阿德勒被迫逃亡美国。

1926 年，美国哥伦比亚大学向他发出邀请，请他担任心理学教授。1932 年，阿德勒受聘于纽约长岛医学院，担任医学心理学教授。两年后，他决定在纽约定居。1937 年，阿德勒应邀到欧洲讲学，旅途的奔波和过度劳累导致他的心脏病发作。最后，阿德勒在苏格兰的阿伯登市去世，享年 67 岁。

第十二章

心理障碍

你曾经过度焦虑吗？在一段时间内，不明原因地感到悲伤或恐惧吗？曾经觉得苍蝇或七星瓢虫会对你造成伤害吗？曾经通过酗酒或滥用药物来逃避生活中的难题吗？你想过自杀吗？如果你对至少一条回答“是”，意味着你曾有过心理障碍的症状。心理障碍还在折磨你吗？这一章的内容会给你答案。

谁是心理变态

生活中，很多人将“变态”作为自己的口头禅，如 × × 就是一个死变态、我在公交车上遇到一个变态男、公司的同事都是变态。每天嘴里说着别人是变态的人，到底对这个词语有多少了解呢？当一个人表现出什么样的行为时，才会被认定为变态呢？

人们常常将区别于大多数人或者做出越界行为的人视为“异类”。所谓的界限，便是社会上公认的行为标准、法律和道德要求等。可见，一个人是否变态，也是来自社会标准的判断，变态是一种社会文化现象。

心理学上，对于个体行为的评定需要专家根据精神疾病、心理障碍的标准进行，同时还要考虑到评定者的角度、专业能力和文化背景，将这些和个体所处的情境结合在一起，才能最终确定一个人是不是变态。

在《精神障碍诊断与统计手册》中，有 7 个方面的变态指标，如痛苦或功能不良、不适应性、非理性、不可预测性、非惯常性和统计的极端、令观察者不适和对道德或理想标准的违反。

按照这个标准，一个女子走到马路中间，朝着陌生的行人和车辆大喊大叫，她就会被视作变态；一个男子无法走出家门，一旦走出家门就号啕大哭，他也会被视作变态。可见，从硬性的标准到评定一个人并不是那么简单的。

当然，仅仅某一个指标并不足以认定某人的行为是变态，当越来越多的行为表现满足这些指标时，判定变态的准确性也会逐渐增大。比如，美国曾经有一名研究生用斧头杀死自己的老师，并且在老师的办公室门上贴上“今日不上班”的字条。事后，学生并未心存愧疚或者有痛苦的体验，但他的整个行为依旧可以判定为变态。

实际上，心理变态并非全部都是极端残忍、令人无法接受的行为表现，作为一种心理异常，或称作“心理障碍”，变态就是一种人的知觉、思维、情感、人格等方面的异常表现。变态的人会出现幻觉、梦游、精神恍惚的状态，反之，单凭出现幻觉或者梦游则不足以判断一个人是精神变态的。

纵观人们对异常心理的认识过程，恐惧是始终存在的一种因素。人类向来对心理障碍心存畏惧，尤其是在人类文明尚未足够发达之时，异常总是和罪恶连在一起。因为恐惧，人们常常做出许多比变态更疯狂的行为，来阻止罪恶的发生。

17 世纪，人们将癔症作为一种被魔鬼附身、不道德的罪恶行为，许多人因此被巫术害死或者遭到所在部落的驱逐。在马萨诸塞殖民地，曾经有许多妇女出现抽搐、恶心和身体虚弱的症状。有的人出现了暂时的失明、失聪现象，有的人则报告称自己好像在天上飞。

根据巫师的判断，这些妇女招惹了魔鬼，魔鬼正在控制她们的身体和灵魂。这一言论引起当地人的恐慌，为了避免更多人受害，巫师采用巫术将这些妇女处死。时至今日，人们对心理疾病的认识已经足够判断这种病情——那些妇女不过是癔症发作。

几千年前，人们将癔症这种心理疾病看作异常的、变态的，即使在18世纪末，癔症患者依旧被看作被魔鬼诱惑的人。人们将他们关在监狱里，用铁链锁上，以控制魔鬼的力量。于是，那么多无辜的病人就变成和小偷、杀人犯一样的阶下囚，在监狱里忍受非人的折磨。

如今，癔症患者依旧存在。不同的是，他们已经被当成病人，看作疾病的受害者，而不是被魔鬼附身，甚至做过不道德的行为。当然，变态行为也被重新界定。或许，从未来的视角来看，今日人们所认为的变态行为或异常心理不过是人类心灵发展的一部分，属于正常心理的范畴。眼下，我们只能依照尽可能科学的标准来评定一个人的行为和心理。

拿什么拯救你，我的爱人

海尔默是参加过伊拉克战争的一位中士。2005年，他和自己的长官凯恩弗一同参加在巴格达的一次交战。交战中，凯恩弗中弹身亡，那时海尔默就站在离他几步之遥的地方。当然，凯恩弗的去世只是他经历的众多死亡中的一幕。

从战场上回来后，海尔默整个人都变了。单纯、天真、一腔热血的年轻人一去不返，海尔默变成了一个意志消沉、每天被回忆折磨、无法安然睡眠的病人。他始终无法忘掉长官死在自己身边的画面，也无法忘记子弹穿过肌肉、血液喷射的场景。有时候，他像一个躁狂病人一般发怒，有时候则会神经敏感，小心地观察周围的一切，甚至一把叉子掉在地上，也会让他从床上跳起来。

更糟糕的是，他常常会被邻居问到许多关于伊拉克战争的问题。比如，你为什么要去那里？你杀死了多少人？你获得了多少好处？人们对战争的看法让海尔默感到费解，即使他的军人荣誉感依旧存在，也无法像以前一样坦然地享受别人的称赞。

海尔默坦言："除了愤怒和仇恨，我没有任何感觉。我感觉自己生病了，需要接受治疗。"于是，他找到心理医生，并被诊断为创伤后应激障碍。经过一年多的治疗，他的症状有所减轻，但是内心的愤怒依然存在。

实际上，不仅是亲身经历战争的人会有这样的体验，那些经历矿难、海啸、地震的人，也有可能出现和海尔默一样的症状。战争或自然灾害造成的伤害场面往往会深深地留在人的脑海里，随着时间的推移，大多数人能够忘掉过去，开始新的生活。然而，总有些人无法走出灾难的阴影，整天生活在噩梦之中，不仅心情不畅，生活能力也会受到影响。在医学上，这些人通常会被诊断为创伤后应激障碍，即 PTSD。

一般情况下，巨大的自然灾害、严重的人为伤害、意外事故和巨大的丧失性事件，如地震、海啸、战争、绑架、强奸、交通事故、亲人死亡、破产等，当事人出现 PTSD 的可能性比较大。和成年人相比，儿童的承受能力比较弱，即使轻微的生活事件也容易引起 PTSD，如经济贫困、摔伤、家庭暴力、父母离异、同伴关系不良等。

患有 PTSD 的人会不自觉地回忆起创伤场面，即使在梦境中也会重演。在身临其境的回忆中，患者会出现错觉、幻觉，精神非常痛苦。此外，有人还会像海尔默那般出现高度警觉的状况，警惕周围的一切，对环境里的声音非常敏感。如果不及时治疗，患者对环境刺激会变得迟钝，疏离身边的朋友，失去生活中的兴趣爱好，甚至出现社会退缩。

美国的一项调查表明，人群中有多达 70% 的人经历过创伤性事件，女性患上 PTSD 的概率为 10% 至 14%，男性为 5% 至 6%。实际上，许多人的生活都不是一帆风顺的，因此多多少少都会经历一个或长或短的 PTSD 阶段。当然，配合及时的治疗，轻微的 PTSD 患者可以复原，开始新的生活。

目前，尚没有哪类药物成为治疗 PTSD 的特效药，而且患者一般比较抗拒服药，即使是遵从医嘱的患者，用药情况也比较糟糕。相比药物治疗，一些心理方法看起来更加有效，如足够的睡眠，充足的体育活动，长期、稳定的社会支持等。

从心理上接受生病的事实，努力寻找生活的乐趣，是人们应对 PTSD 的最好方法。就像对抗癌症一样，个体的意志力和自信心永远比药物来得及时、有效。

你在怕什么

W 先生，40 岁，是一个斯文、儒雅的中年人。W 先生家庭幸福，他的妻子不仅聪明过人，还是他事业和生活上的好伙伴，人们最喜欢给他们的评价就是“恩爱夫妻”。不过，当“恩爱夫妻”每天形影不离，连上厕所都要彼此陪同的话，这种关系就不知道是爱还是痛苦了。

W 先生身边的人都了解，他的确非常爱他的妻子。更重要的是，他根本离不开妻子。因为有许多地方他根本没有办法一个人去，如果不是妻子一直陪着他，恐怕他早已流落到城市的某个陌生地带。

故事要从 10 多年前说起。当时，W 先生还是个小伙子，他每天开车从市中心的广场穿过，随后驶上一座跨河大桥，到城市另一端的办公室上班。有一天，当他开车经过广场时，突然产生了一种莫名的恐惧感。他感觉心跳加速、呼吸加快，很快就要窒息了。

当他好不容易驶过广场、开上跨河大桥时，刚才的症状再次出现。他开始全身冒冷汗，两腿发软，眼前的桥身好像向着远方无限延伸一般，无论如何也走不到头。W 先生用了两个小时的时间，才勉强将车子开回家。从此以后，他就再也无法一个人走那条路了。

有一次，W 先生的表妹到家中吃晚饭。饭后，天色已晚，W 先生准备送表妹回家。途中一切正常，在回来的路上，他却无论如何都无法开车了。妻子在家中等到午夜，依旧没见到他回家，于是开车沿着马路一直寻找。结果发现，W 先生的车子就停在桥头，他则站在黑暗中原地打转——即使步行，他也无法穿越那座桥。

W 先生请教心理医生，也没有找到适当的疗法。从此以后，W 先生只有在妻子的陪伴下才肯出门。即使这样，当他来到广场时，依旧会呼吸加快、全身颤抖。妻子只能紧紧地抓着他，避免他发生意外，并尽快带他回家。

如果你对恐怖症有所了解，就可以猜到，W 先生的症状属于典型的广场恐怖症。广场恐怖症的患者通常对特定的场所会感到焦虑，并且无法单独处在这些场合，如市中心的商场、一个人乘飞机或公交车等。一旦进入特定的场所，患者会感到不安全，非常不舒服，严重者还会出现发慌、冒冷汗、心跳加速的情况。于是，他们宁愿躲在家里、自己的房间里，以躲避引起不适的场所。

心理学上，“广场恐怖症”（Agoraphobia）一词来自希腊，由 agora 和 phobos 组合而成。在现代希腊文中，这个词被翻译为“广场恐怖症”，造成许多人的误解。实际上，agora 的意思是“一群人聚集”，而不是某个公开的场合。也就是说，广场恐怖症患者害怕的并不是某个具体的场合，而是害怕由场合引发的某种场景。

精神分析学家将广场恐怖症解释为人的潜意识需要——依赖某人。因为人们发现，当患者在某一场景中出现惊恐反应时，如果有人陪伴，症状就会得到缓解。于是，精神分析学家认为，对某一场景的恐惧可能来自患者潜意识中依赖某人、纠缠某人的需要。就像前面提到的 W 先生，作为成年人，他无法表现出孩童般的幼稚需要，于是通过对广场、桥梁的恐惧来获得对妻子的合理依赖。

行为主义者则抛弃患者的潜意识、童年经验之类，直接从外在行为来寻找原因。他们认为，人们之所以会恐惧某一场景，必定是曾经在那里发生令人不愉快的事，从而形成条件反射。比如，W 先生可能在广场上出过车祸，或者在跨河大桥上目睹过跳河自杀的人，这些不愉快的经历引发了他的恐惧情绪。

相比精神分析学家的理由，行为主义者的分析显得更有说服力。一位社会心理学家认为，恐怖症患者害怕的对象，可能是早期生活中遭遇过的危险，如恐高、怕黑、怕毒蛇和蜘蛛等小动物。进化心理学家认为，恐惧也可能是人类在进化中留下来的经验，如对黑暗的恐惧、对蛇的恐惧等。

在恐怖症中，除了广场恐怖症，还有一个典型的分支——社交恐怖症。和害怕特定场景的广场恐怖症不同，社交恐怖症患者害怕的对象就是人，尤其是需要接触陌生人，可能被陌生人观察的场合。

社交恐怖症的患者总是处在焦虑的状态，害怕被别人当作焦点，也害怕自己在别人面前出丑，从而引起羞辱或评论。尤其是人多、场面宏大的地点，对他们来说简直就是一种煎熬。严重的社交恐怖症患者无法打电话、参加聚会，甚至无法到商场购物。通常情况下，社交恐怖症的患者都有双面人格。

和那些因为性格内向、害羞、不善表达而造成的社交障碍不同，社交恐怖症的患者本能地对外界持负面看法，除了身边最亲近的人之外，他们不愿意与他人沟通，也不喜欢加入人群。与其让自己显得格格不入，他们宁愿待在家里，以保持内心的安全。

分析众多的社交恐怖症患者，通常他们都有一个共同的原因——自卑。由于父母教养、成长经历和童年期应激事件的影响，造成自己信心不足和对他人的不信任，导致他们成年后躲避人群，无法顺利地结识陌生人。此外，小时候的社交问题不会随着时间的流逝得到解决，而是会不断积累，于是，当问题不断地重复出现时，对人群的恐惧也会与日俱增。

针对恐怖症，无论是广场恐怖症、社交恐怖症，还是对某一对象的恐惧，心理学家都设计了相应的治疗方法。总体来说，精神分析师喜欢使用催眠方法，行为主义心理学家则偏爱情景治疗法和系统脱敏法。

行为治疗师会将恐怖症患者带入一个假想的空间，然后模拟引起恐怖的现场。通过不断地练习，患者会在假想中适应引起恐惧的刺激，从而消除恐怖症。不过，这种方法有时候会显得比较粗暴，严重的患者会一时间无法接受，相比之下，系统脱敏法显得温和一些。

拿 W 先生来说，如果他始终无法靠近广场，不如采用系统脱敏法慢慢克服。可以遵照“想象广场的画面—靠近广场 50 米—站在广场的边缘观望—置身广场内”的顺序，让 W 先生循序渐进地适应广场的环境。如果不行，可以将 4 个步骤换成 8 个，或者更多。

生活中，如果你害怕蟾蜍、蜘蛛一类的小动物，不妨尝试一下系统脱敏的方法，幸运的话，你可能从此摆脱恐惧的阴影哦！

心灵视窗

今天，你抑郁了吗

现代社会压力巨大，一时间，“抑郁”一词成为人们茶余饭后的话题。然而，对于许多人来说，抑郁症除了是闲聊时的谈资，依旧只是一个名词而已，并不曾引起人们足够的重视。

实际上，抑郁症一直在我们身边。看看那些由于抑郁症陨落的明星，就不得不感慨它的可怕。

1992 年，曾经演唱《一生何求》《偏偏喜欢你》等经典粤语歌曲的歌手陈百强因服药过量晕倒，随后被送到医院救治。在病床上挣扎 17 个月之后，年仅 35 岁的陈百强去世。他曾经长期患有抑郁症，经常有自杀的倾向。

2003 年，“哥哥”张国荣从香港文华酒店跳下，抢救无效身亡，年仅 46 岁。在事情发生前的两年多时间里，“哥哥”一直受到抑郁症的困扰，曾经尝试过在浴室自杀。

其实，任何人在生活中都会经历抑郁的阶段，感觉忧伤、悲哀、沮丧、没有希望等。这些情绪可能是一时的生活事件引起的，如失业、婚姻失败、与人不和等，也可能是性格使然，比如林黛玉。

林黛玉天生性格敏感、脆弱，时常因为别人一句无心的话而暗自落泪，即使观看暮春时的落花，她也会悲从中来，甚至将落花埋掉并为其作诗。此时，林黛玉的抑郁情绪和正常人的喜怒哀乐没有区别，也不会影响她的正常生活。

可是，一旦抑郁情绪持续很长时间，甚至影响到正常的学习、工作、生活时，就发展成抑郁症。当黛玉想要嫁给宝玉受阻时，她的情绪陷入谷底，不仅旧病复发，失掉看书、弹琴的乐趣，甚至躺在床上无力活动。卧床一个多月后，最终在宝玉和宝钗完婚的当夜吐血身亡。黛玉这一阶段的症状完全可以诊断为抑郁症。

可见，单纯的抑郁不过是一种情绪，抑郁症则变成一种可能致命的疾病。世界卫生组织的一项调查显示，全世界每十位男性中，就有一位可能患有抑郁症；女性的患病比例更高，每五位当中就有一位。据世界卫生组织估计，到 2020 年，抑郁症将成为世界上继冠心病之后的第二大死亡疾病。

2005 年，针对北京地区的一项调查显示，在 15 岁以上的人群中，每 30 个人中就有一个人正在经受抑郁症的折磨。据专家估计，全国的患病率在 5% 至 10% 之间，而且女性患病率是男性的两倍。在抑郁症患者中，有一半以上的人有过自杀的想法，其中20%以自杀结束生命。可是，由于大多数患者对自身的情况不够了解，导致患者无法接受正确的治疗。

患者之所以会不自知，一方面由于本身对抑郁症的认识不够，另外一方面来自抑郁症的隐匿性。许多患者并不像林黛玉那样，情绪低落非常明显，甚至无法继续正常的生活。许多人只是表现出普通的躯体症状，如头痛、腰酸背疼、食欲下降、失眠、早醒等。

如果患者通过自行调节改善了这些症状，可能会避免病情的恶化。否则，隐匿的病情会变得越来越严重，从做事无力、反应迟钝到对生活丧失信心、精神崩溃，甚至一心求死。当患者通过自杀来寻求解脱的时候，身边人才恍然大悟——原来是抑郁症。

在医学上，抑郁症一般分为内源性和外源性两种。所谓内源性，是指抑郁来自人的内在因素，如神经结构、性格等。这些人对自己的要求非常高，追求完美，一旦无法实现目标，就会产生莫大的失落感，张国荣的性格就是如此。外源性的抑郁则来自外界的压力，如失去亲人、失业、工作压力大、经济贫困、长期忍受身体疾病等。

20世纪60年代，脑神经科学已经证实，抑郁症的发生和一种名叫五羟色胺的神经递质有关系。五羟色胺主要和人的情绪、意志、欲望、思考、感情等有关。抑郁症患者体内的五羟色胺含量明显低于正常人，因此导致抑郁的发生。于是，药物学家开发了提高五羟色胺浓度的药物——百忧解，专门用来治疗抑郁症。

当然，“心病还需心药医。”在药物治疗的同时，抑郁症患者还需要配合心理医生的治疗。在通过药物促使大脑神经兴奋的同时，人的意志力、人生态度也是战胜抑郁的一味良药。

心理学家

以来访者为中心——罗杰斯

卡尔·罗杰斯，1902 年出生于美国伊利诺伊州的奥克派克，是家中 6 个子女中的第 4 个。他的父亲是一位成功的土木工程师，母亲是全职的家庭主妇。

由于父母都是虔诚的基督教徒，始终奉行“生活于人群之中而洁身自好”的行事准则，罗杰斯一家和周围的邻居始终保持一定的距离。受到父母的影响，罗杰斯从小就离群索居，失去和同伴玩耍的机会，他将大部分时间都放在读书上。

12 岁那年，罗杰斯全家搬到芝加哥附近的一座农场。在那里，他度过了自己的青少年时期。农场里缺少同龄人，更没有朋友，罗杰斯慢慢变得孤僻、独立而富有纪律性。由于这一性格，罗杰斯进入学校后显得缺乏社交能力，以至于到了大学阶段，他才开始打破自我孤立的状态，和身边人亲密相处。

1919 年，罗杰斯考入威斯康星大学。受家庭环境的影响，他选择进入农学院学习。在一个基督教青年会的讲习班上，罗杰斯第一次体验到交友的乐趣。大二期间，他转学历史，并且进一步和同学交往。渐渐地，原本孤僻的性格发生了变化，他体会到人与人之间的信任与尊重。

1922 年，罗杰斯作为世界基督教学生同盟的一员被派到北京学习 6 个月。这一经历让他开始对宗教产生思考。他开始怀疑宗教的一些基础观念，并且试图从父母的宗教影响中摆脱出来。不过，在获得威斯康星大学的文学学士学位之后，他还是选择进入研究院学习神学。

在著名的自由宗教研究机构学习一年之后，罗杰斯转学到哥伦比亚大学攻读临床心理学和教育心理学。1928 年，罗杰斯获得哥伦比亚大学的文科硕士学位，并受聘于罗切斯特市防止虐待儿童协会，在儿童研究室工作。

在心理治疗中，罗杰斯对心理治疗的谈话疗法产生了兴趣。在他看来，正是童年期的孤独生活使得他被人与人之间亲密互动的方式吸引，同时，与人交流、交往、结成亲密关系的过程也满足了他想要与人接触的愿望。和朋友之间的交往相比，谈话疗法能让人与人坦诚相待，而不必经历互相了解、互相探寻的漫长过程。

工作之余，罗杰斯报读了一个心理学课程，并于 1931 年获得博士学位。毕业后，他定居纽约，在纽约的一所难管教儿童观测中心任职。随后，他先后到俄亥俄大学、芝加哥大学和威斯康星大学任教。

1942 年，罗杰斯出版了他的第一本书《咨询与心理治疗：实践中的新概念》。此后，他进入芝加哥大学并建立了一个咨询中心，帮助来访者处理各种心理上的困惑。根据在咨询中心的工作经验，罗杰斯出版了《来访者中心疗法》一书，阐述了他在咨询中总结出来的理论。

“以来访者为中心”的治疗观认为，心理治疗中的医生和患者是一种平等的、合作的关系。医生不应该扮演权威的上帝，而应该尊重来访者的选择，并且给来访者更多的鼓励，激发来访者的潜能，以使其恢复健康。

在书中，罗杰斯首次用“来访者”一词来称呼“病人”，以表示对来访者的尊重。因为他觉得，每一位来访者都具有足够的自我认识，也能够进行自我指导，医生的积极态度能够将他们的这些内在潜能激发出来，从而帮助来访者恢复。

后来，他将这一套新方法的理论基础追溯到存在主义哲学，这使他大受鼓舞。不久，他就将“以来访者为中心”的治疗观推广到学校教育的师生关系中，发展出“以学生为中心”的教学方法。到现在为止，无论是医疗、管理领域，还是在教育领域，“以当事人为中心”的观念已经深入人心，并且被广泛应用。

离开芝加哥后，罗杰斯重新回到母校威斯康星大学，担任心理学教授。此后，他又出版了《当事人中心治疗：实践、运用和理论》和《论人的成长》两本书，将他的心理治疗理论体系逐渐完善。

在与威斯康星大学发生矛盾之后，他不再从事学术研究，而是将所有精力都用来治疗、演讲和写作。1956 年，因为提出心理治疗客观化的新方法，罗杰斯获得美国心理学会颁发的卓越科学贡献奖，随后又获得卓越专业贡献奖。

罗杰斯的观点和马斯洛的自我实现理论基本一致，因此他也被认为是人本主义的心理学家。不过，和追求自我价值实现相比，罗杰斯更强调个体的自我指导能力。当个体本身具有修复创伤的能力时，心理治疗应该做的就是提供一种积极、尊重的氛围，激发出个体自我完善的潜力。

离开威斯康星大学后，晚年的罗杰斯和妻子一直住在加利福尼亚州的一个小镇。直到 1987 年，罗杰斯在家中安然去世，享年 85 岁。

图书在版编目（CIP）数据

心理学入门. 1，妙趣横生的心理课 / 隋岩著 . —3 版 . —北京：中国法制出版社，2019.6

ISBN 978-7-5216-0282-1

Ⅰ . ①心…　Ⅱ . ①隋…　Ⅲ . ①心理学—通俗读物 Ⅳ . ① B84-49

中国版本图书馆 CIP 数据核字（2019）第 112538 号

责任编辑：陈晓冉（chenxiaoran2003@126.com）　　封面设计：汪要军

心理学入门. 1，妙趣横生的心理课

XINLIXUE RUMEN. 1，MIAOQU-HENGSHENG DE XINLIKE

著者 / 隋　岩

经销 / 新华书店

印刷 / 河北鑫兆源印刷有限公司

开本 / 710 毫米 ×1000 毫米　16 开　　印张 / 14.5　字数 / 176 千

版次 / 2019 年 6 月第 3 版　　2019 年 6 月第 1 次印刷

中国法制出版社出版

书号 ISBN 978-7-5216-0282-1　　定价：42. 80 元

北京西单横二条 2 号　邮政编码 100031　　传真：010-66031119

网址：http://www.zgfzs.com　　**编辑部电话：010-66071900**

市场营销部电话：010-66033393　　**邮购部电话：010-66033288**

（如有印装质量问题，请与本社印务部联系调换。电话：010-66032926）